해체와 재건

실존을 위한
일상적 관념의 재구성

이호찬 지음

해체와 재건

좋은땅

책을 쓸 수 있도록 권유해 주신 분께
책을 쓸 수 있도록 응원해 주신 분들께
책이 출간될 수 있도록 도움을 주신 분들께

생각의 토대가 되어 주신 과거의 많은 학자들께
생각의 소재가 되어 주신 이 세상에

감사의 인사를 드립니다

서문

맺음말

서문

본래 이 책을 쓰게 된 이유는 단순히 떠오르는 재미있는 생각을 적어 보고 그것을 기록으로 남겨 보기 위함이었다. 그러나 세상과의 소통 창구라는 점에서 책이 갖는 영향력을 생각하게 됨과 동시에, 필자의 가치관이 변화함에 따라 이 책의 성격과 목적은 처음과 많이 달라졌다. 필자의 생각을 나열하고 정리하며 기록하는 것을 넘어, 독자가 그러한 필자의 생각 조각들을 필자가 의도하는 특정한 방향대로 읽어 주었으면 하는 것, 그리고 그것이 단순한 흥미로움에서 그치지 않도록 하는 것이 필자가 이 책을 쓰는 목적 중 하나이다.

이 책은 답을 이야기하거나 절대적이고 보편적인 지식을 전달하지 않는 것을 주요한 성격으로 갖는다. 물론 어느 정도 필요한 만큼의 지식은 요구될 것이지만, 언제까지나 그것들은 수월한 이해를 위함이지 그것들 자체를 전달하고자 하는 목표는 없다. 이 책은 세계, 특히 인간 사회와의 대결을 통해 세계를 관찰하고 고민할 것을 요구한다.

그에 대한 방법론적인 것으로써, 이 책은 우리 사회에 존재하고 있는, 혹은 존재하는 것처럼 보이는 관념과 편견을 파괴하고자 한다. 이 책이 무책임하다고 누군가가 평가한다면, 그것은 이 책이 어느 정도의 목적을 달성했음을 증명하는 것이 될 수도 있다. 필자는 독자를 대신해 파괴와 해체를 진행하며 나름의 재구성과 재구축을 진행하지만, 이것을 수동적으로 받아들이는 것은 매우 섣부르고 위험한 행동이며, 필자는 이를 지양한다. 이 책은 독자 스스로 폐허 위에 새로운 성을 쌓아 올려 볼 것을 요구한다.

글을 쓰는 형식에 대하여, 필자는 전문적인 지식을 요구하는 개념들을 최대한 사용하지 않을 것이다. 하지만 어떤 것이 얼마큼 전문적인지는 사람마다 다른 것이 확실하다. 이러한 난점에도 불구하고 필자가 책을 쓰는 의도는 알량한 지식 자랑이 아니며 독자에게 정확한 이해를 제공하기 위함이기에, 최대한 글이 일반적으로 이해될 수 있게끔 쓰려 노력했다.

본 책이 어떤 의미에서는 철학적이라고 불릴 수 있기에, 필자의 철학적 사상 기반이 궁금할 수 있다. 필자는 근본적으로 실존주의자이며 실존주의를 옹호한다. 실존주의에 대한 대략적인 이해를 갖고 있는 사람이라면, 책을 읽으면서 이를 유추할 수 있을 것이라고 보인다. 실존주의자로서 필자가 이 책을 통해 궁극적으로 이루고자 하는 바는, 앞서 말했듯 독자들의 일상적 세계와 관념을 붕괴해 모두가 실존의 개념을 가지며 이를 삶에서 실천할 수 있도록 하는 것이다.

따라서 이 책은 위험하다. 실존주의의 난점이라고 할 수 있듯, 사실 필자에게는 독자들의 세계를 파괴할 정당성이 없다. 인간은 자유를 선고받은 존재인 만큼 모든 것은 전적으로 '자기'에게 달려 있다. 이 책을 읽을지 말지는 독자들의 자유로운 선택에 달려 있다. 그리고 그 기투를 필자가 마음대로 어떻게 해 볼 권리도, 정당성도 없다. 필자가 할 수 있는 것은 그저 하나의 방향성을 던져 주는 것이다. 하지만 필자는 이 책이 본래적 실존으로 나아갈 수 있는 발판이자 계기가 될 수 있다고 확신한다.

만약 현재 자신의 삶에 만족하고 있다면, 그리고 그것이 진정으로 본인의 판단에서 비롯된 것이라면 굳이 이 책을 읽으라고 권하고 싶지는 않다. 더 나아가 실존주의를 받아들이라고 하고 싶지 않다.

물론, 필자가 지향하는 인간상에 이미 부합하는 사람이 충분히 있을 수 있다. 그런 사람이라면 끄덕거리며 가벼운 마음으로 이 책을 읽으면 된다. 그렇지 않은 사람이라면 이 책을 결코 적극적으로 추천하고 싶지는 않다. 하지만 어딘가 마음 한구석에라도 삶에 대한 회의감이라든가 허망함, 허무함을 느끼고 있는 사람이라면 한번 정도 발을 들여 보는 것은 괜찮다고 생각한다.

하지만 그 선택에 따르는 책임은 어쩔 수 없는 본인의 몫이다. 한편 이러한 당부에도 불구하고, 사실 필자의 진정한 바람은 결국(글을 쓰는 모든 이가 그러하듯) 많은 사람들이 필자의 뜻을 이해하였으면 하는 것이다. 필자가 지향하며 가고자 하는 길을 누군가는 멋진 길이고 이상적인 길이라고 할 수 있지만, 이 길은 결코 일상적이지 않고 통상적이지 않으며 편한 길이 아니기에 위험성에 대한 당부는 하고 싶다.

책에는 전반적으로 '실존'이라는 단어가 등장할 것인데, 실존한다는 것이 무엇인지에 대한 내용은 본문에서 제대로 다루지 않았다. 사실 이 개념은 너무나도 많은 의미를 담고 있으며, 학자마다 생각하는 정의가 다르지만, 감히 이를 간략하게 설명하자면, 실존이란 자기의 삶을 스스로 능동적으로, 그리고 주체적으로 살아가는 것이다.

편견을 파괴하는 것과 실존하는 삶이 어떻게 연결되는지가 궁금할 수 있다. 실존주의는 사실 많은 이들이 실존하지 못하고 있음을 전제로 한다. 그리고 다수의 사람들이 실존하지 못하는 이유는 주로 자기를 자기로서 살지 못하게 하는 관념에 지배되고 있기 때문인데, 그렇기에 그릇되거나 섣부른 관념과 판단을 파괴하는 것은 실존으로 나아갈 수 있는 정초가 된다.

이 책은 우리가 일상에서 흔히 내리는 판단들이나 관념, 그리고 편견 등의 것들을 하나의 개별적 소재로 사용해 그것들을 병렬식으로 서술한다. 물론 서로 주제가 연결되는 단편들도 있지만, 일반적인 구조적 특성 때문에 발췌독을 하여도 글을 읽는 데에는 큰 무리가 없을 것이다.

그러나 각각의 주제들을 떨어뜨려 독립적으로 이해하고자 한다면 전체의 맥락이 이해되지 않을 수 있기에, 필자의 의도와 생각을 온전히 파악하고자 한다면 전체 내용을 모두 읽는 것을 추천한다. 책을 단순히 읽기만 했다면, 병렬적인 글들은 그저 병렬적으로 남을 것이다. 그러나 책을 독해했다면, 병렬적 구성 속에 어떤 통일된 흐름이 있음을 파악할 수 있을 것으로 기대된다.

사실 이 책을 쓰는 것은 필자의 서투르고 섣부른 기획이라고 생각하기도 한다. 필자는 이 책을 철학 서적이라고 부르고 싶으며, 이 주장을 지지할 근거도 있지만, 한편으로는 스스로에게 충분한 자격이 있는지를 끊임없이 자문했다.

한때는 책을 쓰는 이들은 모두 자신의 생각에 대한 완벽한 검증과 숨 막힐 정도의 반복적인 의심을 반드시 거쳐야 하며, 그 분야에 대한 깊은 이해가 반드시 있어야만 한다고 생각했다. 이 문제에 대해서 대학의 여러 구성원들에게 질문을 하기도 하였다. 긴 시간의 숙고 끝에 필자가 선택한 전략은 이 책과 같이 매우 조심스러운 접근을 취하는 것이었다. 반증 가능성을 끊임없이 열어 두며 확실함을 단정 짓는 표현은 최대한 지양하도록 하였다.

필자는 필자의 생각이 옳다고 생각하지만, 이 옳음은 철저한 주관적 옳음이라고 믿는다. 애초에 자신이 옳다고 생각하지 않는 것을 자신의 의견처럼 책에 쓰는 것은 가능하지 않아 보인다. 충분한 자격이 있는가에 대한 고민이 필자를 괴롭혔기에, 필자는 잔꾀를 부려 이 생각을 유지하면서도 이 책을 쓸 수 있도록 하였다.

필자가 이 책에 담은 내용은 나름대로의 완벽한 검증과 반복적 의심을 거친 것들이다. 하지만 철학에 대한 깊은 이해를 아직은 가지지 못했다고 스스로 생각하기에, 학문적 내용을 전달하는 것을 이 책의 집필 목적으로 삼지 않았다. 대신 학문이 아닌 습관, 혹은 능력이라고 볼 수 있는 사고와 사유라는 것을 택해, 대답하는 글이 아니라 질문하는 글을 쓰는 것을 목표로 하였다.

대답하는 글과 질문하는 글은 글을 거칠게 두 가지로 구분한 것인데, 전자는 교과서나 전공 서적과 같이 일방적으로 지식 혹은 작가의 의견을 전달하는 글이며 그것이 목적인 반면, 후자는 지식 전달이나 자신의 확고한 의견을 독자에게 주입하고자 하는 것을 목적으로 삼지 않으며, 그저 생각의 단초를 제공해 주는 글이다.

서문의 처음부터 계속 강조하였듯, 이 책은 철저한 질문하는 글이다. 명료하지 않은 것을 명료하게 만들고자 하고, 편견을 파괴해 다시 한번 생각해 보도록 하고, 모두가 실존할 수 있도록 하고, 모두가 자신의 삶을 긍정할 수 있도록 하고자 하는 필자의 궁극적 의도가 듬뿍 담겨 있지만, 이것들이 절대적 옳음이 아님을 알기에, 혹은 확신할 수 없기에, 그리고 옳다 하더라도 이것을 강제할 정당성이 없음을 알기에 필자는 이 책을 이러한 방식으로 구성하고 집필했다.

이 책을 통해 많은 이들이 섣부른 고정 관념과 편견에서 벗어나, 필자가 진행하는 해체와 재건을 관찰하면서 스스로 자신만의 뚜렷한 주관과 정합적인 판단 기준을 갖기를 바란다. 그리고 이를 자신의 삶에 적용해 모두가 본래적으로 실존할 수 있기를, 자신만의 주체적이고 능동적인 삶을 살 수 있기를, 세상과 공존하면서 자신의 개성을 마음껏 드러낼 수 있기를, 자기를 긍정하는 삶을 살 수 있기를 바란다.

01

원활한 이해를 돕기 위한 기본적인 논리학 지식

1) 명제

참과 거짓의 진리값을 가지는 문장. 이때 진리값을 가진다는 것은 참과 거짓을 판별하는 것이 가능하다는 것과 같은 의미이다.

2) 조건문

조건문이란 'A→B', 혹은 '만약 A이면 B이다'의 형식을 가진 문장을 의미한다. 이때, A와 B는 명제이다. 조건문은 다양한 방식으로 설명할 수 있다. 조건문을 단순 함축이라고 표현할 수 있다.

단순 함축이란, A가 B를 논리적으로 함축하고 있다는 의미인데, 이때의 함축은 일상적으로 사용되는 함축과는 다른 의미를 가지며, 집합의 포함 관계와 동일시해서도 안 된다. 이에 대한 자세한 설명은 다음 번호에서 다루기로 한다.

조건문에 대한 다른 설명으로는, 전건이 참이면서 후건이 거짓인 상황은 없다는 것도 가능하다. 여기에서 전건은 A, 후건은 B를 지칭한다.

예를 들어, '국화가 식물이면, 사자는 동물이다'라는 조건문은 참의 진리값을 갖는다. 하지만 '국화가 식물이면, 사자는 식물이다'라는 조건문은 거짓의 진리값을 갖는다. 전건이 거짓이라면, 후자가 어떤 진리값을 갖건 조건문은 참인데, 이 점은 우리의 논의를 위해 당장 필요한 것이 아니며, 단순 함축의 개념과의 혼란을 방지하기 위해 다루지 않기로 한다.

3) 필요 조건과 충분 조건

A가 B를 논리적으로 함축한다는 것은 명제 A가 참이라면 명제 B가 반드시 참이라는 것인데, 이를 필요 조건과 충분 조건의 개념으로 이해해 볼 수 있다. 'A→B'에서 B는 A의 필요 조건이고, A는 B의 충분 조건이다.

이해를 돕기 위해 '비가 온다'와 '땅이 젖는다'의 두 명제를 비교해 보자. B가 A의 필요 조건이라면 A가 참이면 B가 반드시 참이고, B가 참이 아니라면 A는 반드시 거짓이다. 이에 따른다면 '땅이 젖는다'는 '비가 온다'의 필요 조건이다. 왜냐하면 비가 오면 땅은 반드시 젖으며, 땅이 젖지 않았다면 비는 반드시 오지 않았기 때문이다.

만일 '비가 온다'가 '땅이 젖는다'의 필요 조건이라면, 땅이 젖으면 반드시 비가 왔어야 하며 비가 오지 않았다면 땅이 반드시 젖지 않았어야 하는데, 비가 오지 않았더라도 땅이 젖을 수 있는 방법은 여럿 있기 때문이다. 따라서, '땅이 젖는다'는 '비가 온다'의 필요 조건이며, 이어서 '비가 온다'는 '땅이 젖는다'의 충분 조건이다.

종합적으로 보았을 때, B가 A의 필요 조건이라는 것은 A가 참이라면 B가 반드시 참이여야 한다는 의미이며, A가 B의 충분 조건이라는 것은 A가 참일 때 B가 참이라는 것이 충분히 보장된다는 의미이다. 그러나 이를 일상 언어적으로 이해하는 것보다는 조건문의 논리 관계로 이해하는 것이 더 쉽고 혼동이 적다.

4) 전건 긍정

전건 긍정이란, 조건문 'A→B'가 참이고 명제 A가 참이라면, 명제 B가 참이라는 것을 의미한다. 예를 들어, '인구수가 증가하면 식량의 양은 감소한다'가 참이고 '인구수가 증가한다'가 참이라면, '식량의 양이 감소한다'는 참이다.

5) 후건 부정

후건 부정이란, 조건문 'A→B'가 참이고 명제 B가 거짓이라면, 명제 A가 거짓이라는 것을 의미한다. 예를 들어, '인구수가 증가하면 식량의 양은 감소한다'가 참이고 '식량의 양이 감소한다'가 거짓이라면, '인구수가 증가한다'는 거짓이다.

6) 추론과 논증

추론이란, 어떤 주장이 옳음을 충분한 근거와 합리적인 사고를 통해 밝혀내고자 하는 시도를 의미한다. 논증은 추론의 과정을 언어를 매개로 하여 표현한 것으로, 일련의 문장들로 구성된다. 따라서 추론과 논증은 거의 유사한 맥락에서 사용될 수 있으며, 추론/논증의 방법에는 연역과 귀납이 있다.

7) 연역

연역 논증은 조건문의 단순 함축과 동일한 것이라 볼 수도 있다. 단순 함축에서 전건이 참이라면 후건은 반드시 참이듯, 연역 논증에서 전제가 참이라면 결론은 반드시 참이다. 그렇기에 연역 논증에서 결론은 전제로부터 필연적으로 도출된다. 다른 말로 하자면, 연역 논증에서의 결론은 전제에 없던 새로운 것을 도출해 낸 것이 아니라, 이미 전제에 포함되어 있었던 것을 분리해 낸 것이다.

우리에게 가장 익숙한 예시 하나를 들어 보자. '소크라테스는 사람이다'와 '모든 사람은 죽는다'의 두 명제가 전제로 주어져 있다고 하자. 이때 우리는 '소크라테스는 죽는다'라는 명제를 결론으로 도출해 낼 수 있는데, 이 결론은 전제에 함축되어 있는 필연적 참이며, 결코 새로운 사실이 아니다.

소크라테스는 사람이다.
모든 사람은 죽는다.
따라서 소크라테스는 죽는다.

다른 예시를 생각해 보자. '철수가 고등학생이라면, 미적분을 안다', '미적분을 안다면, 라이프니츠를 안다', '라이프니츠를 안다면, 뉴턴을 안다', '물리를 알지 못하면, 뉴턴을 알지 못한다', '원소 기호를 20번까지 외우지 못한다면, 물리를 알지 못한다', '철수는 원소 기호를 20번까지 외우지 못한다'의 6개 명제가 전제로 주어져 있다고 하자. 여기에서 우리는 '철수는 고등학생이 아니다'라는 명제를 결론으로 도출해 낼 수 있는데, 마찬가지로 이 결론은 기존에 없었던 새로운 사실이 아니라 기존의 전제에 이미 포함되어 있던 것이다.

철수가 고등학생이라면, 미적분을 안다.
미적분을 안다면, 라이프니츠를 안다.
라이프니츠를 안다면, 뉴턴을 안다.
물리를 알지 못하면, 뉴턴을 알지 못한다.
원소 기호를 20번까지 외우지 못한다면, 물리를 알지 못한다.
철수는 원소 기호를 20번까지 외우지 못한다.
따라서 철수는 고등학생이 아니다.

연역 논증은 타당성과 건전성이라는 기준으로 평가된다. 타당한 연역 논증은 전제가 결론을 필연적으로 지지하는 논증이고, 부당한 연역 논증은 전제가 결론을 함축하지 못하는 논증이다. 건전한 연역 논증은 타당한 연역 논증이면서 전제가 참인 논증인 반면, 건전하지 않은 연역 논증은 타당한 연역 논증이지만 거짓인 전제가 포함된 논증이거나, 부당한 연역 논증이다.

연역 논증은 결론이 이미 전제에 포함되어 있다는 점에서 우리의 지식을 확장하지는 못하지만, 확실한 것이지만 우리가 미처 인식하지 못하고 있던 것을 보여 준다.

8) 귀납

귀납 논증은 전제에서 결론이 개연적으로 도출되는 논증이다. 흔히 연역과 귀납을 보편(전체)에서 특수(개별)로 이행하는지, 특수(개별)에서 보편(전체)으로 이행하는지에 따라 구분하곤 하는데, 이는 연역과 귀납에 대한 잘못된 정의이다.

연역 논증과 귀납 논증의 차이점은 전제가 결론을 필연적으로 지지하는지, 개연적으로 지지하는지이다. 귀납 논증에서는 전제가 참이더라도 결론이 거짓일 가능성은 얼마든지 열려 있으며, 결론의 내용은 전제에 포함되지 않는 새로운 사실이다.

우리가 일상적으로 쉽게 떠올릴 수 있는 수학적 귀납법은 사실 귀납 논증이 아닌 연역 논증인데, 수학적 귀납법의 구조를 생각해 본다면 이는 명확해 보인다. 수학적 귀납법은 일반적으로 1개 이상의 초항, 그리고 n 번째 항과 (n+1) 번째 항의 관계를 전제로 하여 일반항을 결론으로 이끌어 내는 논증인데, 연역 논증과 귀납 논증에 대한 위의 정의에 따르면 이 논증 구조는 철저한 연역 논증임을 알 수 있다.

귀납 논증의 흔한 예시로 '모든 까마귀는 검다'라는 결론을 도출하고자 하는 논증이 있다. 만약 태어나는 순간부터 현재까지 매일 관찰해 온 까마귀가 검은색이었다는 전제가 주어졌다고 해 보자. 이를 통해 우리는 모든 까마귀는 검다는 결론을 도출해 낼 수 있다. 그러나 사실 모든 인간이 지금까지 관찰한 모든 까마귀가 검은색이었더라 하더라도, 만약 단 하나의 흰 까마귀가 발견되면, '모든 까마귀는 검다'라는 결론은 반박된다. 실제로 흰 까마귀는 관찰된 바가 있어서 위 결론은 거짓이다. 이처럼 전제가 결론을 필연적으로 지지하지 못하는 논증을 귀납 논증이라 한다.

> 지금까지 관찰된 모든 까마귀는 검다.
> 모든 까마귀는 검다.
> 흰 까마귀가 관찰되었다.
> 따라서 모든 까마귀가 검은 것은 아니다.

또 하나의 예시를 들어 보자. '40억 년 전에 태양은 동쪽에서 떴다. 10억 년 전에 태양은 동쪽에서 떴다. 천 년 전에 태양은 동쪽에서 떴다. 한 달 전에 태양은 동쪽에서 떴다. 오늘 태양은 동쪽에서 떴다. 따라서 내일 태양은 동쪽에서 뜰 것이다'라는 논증이 있다고 하자. 이 논증은 귀납 논증인데, 왜냐하면 전제가 결론을 필연적으로 보장하지 않기 때문이다. 또한 전제들이 참이라고 결론이 반드시 참인 것이 아니다.

40억 년 전에 태양은 동쪽에서 떴다.
10억 년 전에 태양은 동쪽에서 떴다.
천 년 전에 태양은 동쪽에서 떴다.
한 달 전에 태양은 동쪽에서 떴다.
오늘 태양은 동쪽에서 떴다.
따라서 내일 태양은 동쪽에서 뜰 것이다.

만약 이 논증이 귀납적이지 않다고 생각하는 사람이 있다면 아마 태양이 동쪽에서 뜨는 이유는 지구가 반시계 방향으로 끊임없이 자전하기 때문임을 알고 있어서일 것이다. 그러나 위 논증은 그런 과학적 사실을 전제로 삼아 내일 동쪽에서 해가 뜰 것이라고 주장하는 것이 아니라 관찰 증거만을 근거로 결론을 도출해 내는 것이기에 귀납적인 것이다.

귀납 논증은 강도와 설득력이라는 기준으로 평가된다. 강한 귀납 논증은 전제가 결론을 강한 정도로 지지하는 논증이고, 약한 귀납 논증은 전제가 결론을 약한 정도로 지지하는 논증이다. 설득력 있는 귀납 논증은 강한 귀납 논증이면서 전제가 참인 논증인 반면, 설득력 없는 귀납 논증은 강한 귀납 논증이지만 거짓인 전제가 포함된 논증이거나, 약한 귀납 논증이다.

귀납 논증은 연역 논증과는 달리 결론의 내용이 전제에 포함되어 있지 않다는 점에서 지식의 확장에 기여한다. 하지만, 그것의 확실성이 보장되지 않는다는 난점을 가진다.

02

대화와 설득에 대하여

관계적 존재인 우리는 소통이란 것을 하며, 소통의 매개 중 가장 흔하게 사용되는 것은 언어이다. 소통을 위한 방법들 중 언어를 매개로 하는 것을 대화라고 한다. 언어는 인간의 역사와 문화에 깊게 뿌리박혀 있으며, 언어를 창조하였던 우리의 조상들과는 달리, 우리에게 언어는 너무나도 당연한 것이 되었다. 우리는 대화를 통해 각자의 생각을 주고받는 행태에 매우 익숙하다. 그러나 기능을 가진 것과 기능이 탁월하게 발휘되는 것은 구분되고, 목적과 무관한 행위와 목적에 부합하는 행위가 구분되는 만큼, 대화에 있어서도 이러한 점은 논의할 필요가 있다.

대화를 할 수 있는 것은 우리가 가진 기능이며, 대화를 잘한다는 것은 대화가 목적에 잘 부합한다는 의미이다. 그렇다면 대화의 목적은 무엇인가? 너무나도 당연하게, 위에서 언급했듯 대화의 목적은 서로의 생각을 주고받는 것이다. 생각이 오가지 않는다면, 그것은 대화가 아니라 그저 말의 오고 감이라 부를 수밖에 없다.

여러 가지 대화의 종류 중 조금 전문적이고 학술적인 상황에서의 대화를 우리는 토의 혹은 토론이라 부른다. 토의와 토론은 기본적으로 타인에게 자신의 의사를 설득시키는 점에서 동일하다. 참여자들이 모두 같은 입장이건 서로 다른 입장이건, 결국 각 참여자들은 각자의 개별적인 자기주장을 한다.

둘을 예시로 들었지만, 사실 모든 대화는 여러 개별 주장들 간의 만남이다. 우리의 일상적 대화도 언뜻 보기엔 우리의 특수한 의사 표현은 없는 것처럼 보이지만, 사실 우리의 모든 말은 우리의 의사를 표현하는 것이다. 토의, 토론은 일상적 대화보다 설득이라는 부(副)목적이 강화된 것뿐이다.

여기까지 보았을 때에도 해당 주제에 대한 논의를 왜 진행하는 것인가에 대한 물음이 생길 수 있다. 필자가 본 주제에 대해 이야기하는 계기이자 문제 상황으로 보는 것은, 우리의 대화가 제대로 이루어지지 않는 경우가 흔하게 목격되기 때문이다.

많은 경우에서 사람들은 대화를 하는 것처럼 보이지만, 실상을 마주하면 거기에는 말의 오고 감만이 있는 경우가 대부분이다. 앞서 말했듯, 대화의 근본적 목적은 서로의 생각을 주고받는 것이다. 각자가 각자의 말만 하는 것은 결코 대화라고 할 수 없다.

예를 들어, 이제는 정말 흔한 환경 문제에 대한 토론은 보통 대화가 아닌 말의 오고 감인 경우가 많은데, 왜냐하면 대부분의 사람들은 자신의 입장이 다른 이들의 입장과 왜 다른지에 대한 고려를 하지 않기 때문이다. 어떠한 생각의 토대를 공유하지 않은 채 자신들의 말을 하는 것은 물과 기름의 싸움과도 같다.

그렇다면 우리는 어떻게 서로의 생각을 주고받을 수 있을까? 서로의 생각을 주고받기 위해서는 하나의 말에 대해 서로가 가지는 표상이 유사하거나 동일해야 한다.

쉽게 말해, 고양이에 대해 두 사람이 말하기 위해서는 둘이 가지는 고양이에 대한 개념이 유사해야만 한다. 한 사람은 자신이 어릴 적 키웠던 고양이를 떠올릴 수 있는 반면, 다른 사람은 고양이 그림을 떠올릴 수 있다. 어찌 됐던 둘이 고양이에 대해 가지는 개념이나 표상이 유사하다면, 둘의 대화는 가능해진다.

이는 대화가 가능해지도록 하는 중요한 조건들 중 하나이지만, 사실 이것이 문제 되는 상황은 그렇게 많지 않다. 주로 문제가 되는 상황은 토대가 되는 생각이나 사상이 서로 다른 때이다. 각자가 견지하는 관점이 다르다면, 대화가 힘들어질 수 있다. 왜냐하면 관점의 차이는 이해의 차이를 낳기 때문이다. 자본주의를 옹호하는 자들과 공산주의를 옹호하는 자들이 서로 유의미한 토론을 하는 것이 거의 불가능한 이유는 이에 있다.

대화는 기본적으로 관계성을 가지기에, 우리는 대화를 할 때 자신의 생각을 말하는 것뿐만 아니라 청자가 어떻게 받아들일지에 대해서도 고려하여야 한다. 후자를 무시하는 것은 독백에 불과하다. 우리가 누군가를 설득하기 위해서는 상대방이 설득될 수 있는 기반을 마련해 주어야 한다. 서로가 가지는 표상이 다르다면, 우리는 본격적인 대화를 하기에 앞서 서로의 표상을 일치시키려는 시도를 하여야 한다.

서로가 가지는 사상적 토대가 다르다면, 마찬가지로 우리는 서로의 토대를 이해하려는 시도를 하여야 한다. 이러한 시도가 이루어지지 않는 곳에서는 어떠한 유의미한 대화도 생산되지 못한다. 남는 것은 말 덩어리들일 뿐, 그 누구도 설득되지 않으며 서로의 생각은 공유되지 않는다.

하지만 여기서 그쳐서는 안 된다. 아무리 같은 관점과 관념적 토대를 가지더라도 서로의 대화는 이루어지지 않을 수 있다. 왜냐하면 우리는 신이 아니기에 머릿속에 있는 상대방의 생각을 그대로 읽을 수 없기 때문이다.

우리의 생각을 심화할 수 있게 해 주며, 그것을 언어로써 잘 표현할 수 있게 해 주는 수단들 중 가장 좋은 것은 논리(혹은 논리학적 지식)이다. 우리는 논리가 부족한 말을 잘 받아들이지 못하는데, 그 이유는 인간의 합리성에 대한 기대와 같은 것이 아니라 정말 말 그대로 잘 받아들여지지가 않기 때문이다.

논리는 서로가 서로의 생각의 구조를 잘 이해할 수 있도록 해 주는 메타적 언어이다. 만약에 서로가 몇 가지의 동일한 전제를 공유하면서, 한쪽이 논리적으로 하나의 결론을 추론해 가는 과정을 보여 준다면, 다른 한쪽을 이를 쉽게 받아들일 수 있다. 또한 논리의 허점을 발견해 상대방의 주장을 공격할 수 있는 길도 쉽게 발견할 수 있게 된다. 논리가 부재한 채로 자신의 생각만을 외치는 것은 어린아이의 떼쓰기

와도 같은 것이다.

예를 들어 보자. A는 동물을 무조건적으로 보호하고 육식을 해서는 안 된다는 주장을 하는 사람인 반면, B는 이 주장을 받아들이지 않는 사람이다. 보통의 경우에 A는 육식을 금지해야 한다고 외치는 것을 자신의 주 활동으로 삼으며, B는 그러한 외침을 들으면서도 A의 주장을 받아들이지 못한다.

사실 이러한 결과는 당연한데, B에게는 A의 주장을 받아들일 수 있는 이해의 기반이 없기 때문이다. A가 B를 설득하기 위해서는 A의 사상적 토대와 논리의 전개 과정을 설명해 주어야 한다. A의 설득 전략은 반복적 외침보다는 진지하고 논리적인 토론과 같은 것들이 되어야 할 것이다.

물론 상대방이 안 들어 버리면 그만이라는 난점이 있을 것이지만, 그럼에도 효과적이고 정확한 목표 달성을 위해서는 진정한 의미의 대화가 필요할 것이다. 그렇다면 B는 A의 설명을 듣고 A의 주장을 수용할 수 있게 되며, 혹은 A의 주장의 허점을 발견해 유의미하고 생산적인 결과를 낳을 수 있을 것이다.

이처럼 우리가 대화를 하기 위해서는, 또한 잘하기 위해서는 반드시 대화가 관계를 속성으로 한다는 점과 함께 여러 가지 사항들을 고려하여야 한다. 그렇지 않다면 대화의 목적인 서로의 생각 주고받음은 달성되지 않으며, 말의 오고 감과 서로 간의 떼쓰기만이 난무할 것이다.

우리 각자의 이성적 사유 능력의 발전을 위해, 유의미하고 생산적인 토론을 통한 사회 문제 해결을 위해, 대화와 설득이 무엇인지에 대한 고려는 반드시 필요하다. 이러한 근본적 고려는 비록 그 과정이 복잡하고 시간이 오래 걸리는 것이더라도, 꼭 선행되어야만 한다.

03

혼한 오류에 대하여

아직은 살아온 기간이 그렇게 길지 않기에 인간과 우리의 세상에 대한 경험이 풍부하다고 말할 수는 없을 것 같지만, 그럼에도 불구하고 지금까지 관찰한 많은 인간은 여러 가지 오류들을 범하고 있는 것으로 보인다. 그렇기에 이 장에서는 인간이 범하는 흔한 오류를 몇 가지 살펴보기로 한다. 이 오류들에 대해 살펴보기 이전에, 우선 필자가 말하는 '오류'가 무엇인지부터 이야기하고 진행하는 것이 바람직해 보인다.

사실 어떤 것이 오류라고 말하기 위해서는 어떤 것이 맞는 것인지를 알거나 어떤 것이 오류인지를 알아야 할 것이다. 어떤 것이 오류임을 알기 위해서는 어떤 것이 옳은 것인지를 알아야만 하는 것이라고 누군가는 주장할 수 있다. 그러나 이 주장은 어떤 것들에 대해서는 옳지만, 모든 것들에 대해 옳은 것은 아니다.

예를 들어, '1+1=3'이 오류라 말하기 위해서는 '1+1=2'가 참이라는 것을 알고 있어야 한다. 또한 '총각은 결혼한 남자이다'가 오류라 말하기 위해서는 '총각은 결혼하지 않은 남자이다'가 참이라는 것을 알고 있어야 한다. 반면, '버섯은 동물이다'가 틀린 것이라 말하기 위해서는 버섯은 분류상 어디에 속하는지를 알아야 할 필요가 없다. 우리는 직관적으로 그것이 틀렸음을 안다. 물론 이에 대한 반론으로 혹자는 우리는 '버섯은 동물이 아니다'가 참임을 알기에 '버섯은 동물이다'를 오류라고 생각하는 것이라고 할 수 있는데, 필자가 여기에서 말하는 앎은 어떤 것이 진짜로 무엇인지를 안다는 것이지, 아닌 것의 부정을 알고 있음을 뜻하는 것이 아니다. 이에 더해 어떠한 질문들에는 정해진 답이 없기에, 모든 답이 옳은 것이라 주장할 수도 있으며, 모든 답이 오류라고 주장할 수도 있다.

이처럼 우리가 어떤 것을 오류라고 말하기 위해서는 반드시 어떤 것이 맞는지를 알아야 하는 것이 아니며, 어떤 것이 오류인지만을 알아도 된다. 한편 필자는 위에서 오류와 틀림을 모호하게 섞어 사용하였는데, 이에 대해서도 간략하게 살펴볼 필요가 있다.

사실 거의 모든 오류는 틀림이며 거의 모든 틀림은 오류인데, 두 개념이 사용되는 맥락은 사소하게 다르다. 오류는 보통 정확성, 일관성, 정합성과 관련되어 있고, 틀림은 참과 거짓 자체에 대한 것이나 윤리적인 상황에서 주로 사용된다. 그러나 이 의미적 간극은 상당히 협소하기에, 본 글에서는 두 개념은 크게는 구분하지 않겠지만, 의미적 차이를 고려할 때 본 주제의 내용에 대해서는 오류라는 표현이 더 적합해 보인다.

이제 본격적인 논의로 넘어가 보자. 필자가 아래에 언급하는 오류들에 대해 사실 필자는 어떤 것이 맞는 것인지에 확신은 상당히 적다. 하지만 무엇이 오류인지에 대한 판단에는 꽤나 강한 확신이 있기에 이 주제에 대해 서술하기로 다짐했다.

그러나 이 판단은 대단히 경험적이며 주관적이기에, 한편으로는 오류라고 판단한 판단이 오류일 가능성이 결코 없다고는 생각하지 않는다. 하지만 필자가 이 주제에 대한 서술을 통해 달성하고자 하는 목표는 독자로 하여금 스스로 어떠한 오류를 범하고 있는지를 점검토록 하기 위함이기에, 필자의 불확실한 판단이 큰 오류가 되리라 생각하지는 않는다.

첫 번째 오류는 특칭을 전칭으로 착각하는 오류이다. 전칭은 모든 사물에 대해 서술하는 것을 의미하고, 특칭은 특정 사물에 대해 서술하는 것을 의미한다. 따라서 전칭 명제는 '모든 ~'로 시작하는 반면, 특칭 명제는 '어떤 ~'로 시작한다.

특칭을 전칭으로 착각한다는 의미는, 특정 사물에게만 해당하는 것을 모든 사물에게 적용시켜 판단하는 것을 뜻한다. 예를 들어, 어느 한 사람이 범죄를 저질렀을 때, 그 사람이 속한 집단 전체를 범죄 집단으로 몰아가는 것이 이 오류에 해당한다.

이는 보통 특정 사람이 상대적으로 소수 집단에 속하거나, 판단자와 다른 집단에 속할 때 흔하게 발생하는 오류이다. 사람들은 보통 동성애자 한 명이 범죄를 저질렀을 때, 동성애자 한 사람이 아닌 동성애자 집단을 부정적으로 평가하곤 한다. 또한 만약 한 명의 국회의원이 범죄를 저질렀을 때, 국회의원 전체 집단을 부정적으로 평가하곤 한다. 그러나 만약 평범해 보이는 일반인이 범죄를 저지른다면, 그때에는 그 사람만을 악으로 평가한다. 허나 이 경우에도 철저한 뒷조사를 통해 그 사람이 속했던 집단을 하나하나 파헤쳐, 사회적으로 조금이라도 부정적인 평가를 받은 집단이 있다면 그 집단을 더욱더 부정적인 것으로 몰아가곤 한다.

물론, 그러한 판단이 아예 잘못되었다고는 할 수는 없다. 이러한 판단은 귀납적 추론이기에 그것이 정당한 추론일 가능성은 얼마든지 있을 수 있기 때문이다. 하지만 굳이 이를 오류라고 하는 이유는, 사람들은 보통 이러한 판단을 귀납적이라고 생각하지 않은 채 개연적인 것을 필연적인 것이라고 착각하곤 하기 때문이다. 만일 특칭에서 전칭으로의 이행이 정당한 것이 되려면, 특정 대상은 집단의 대표성을 보여야 할 것인데, 대부분의 경우에는 그렇지 않다.

두 번째 오류는 존재를 당위로 생각하는 것이다. 간단히 말하자면, 이 오류는 이미 존재한다거나 어떤 것이 사실이라는 이유를 들어 그렇게 되어야만 한다거나 그것이 옳다는 식의 당위로 판단하는 오류이다.

예를 들어, 인류의 역사 내내 전쟁이 존재해 왔기에, 전쟁은 필요한 것이고 전쟁은 옳은 것이라고 추론하는 것은 오류이다. 과거에 그랬다는 이유로, 혹은 그동안 그랬다는 이유로 지금 그렇게 해야 한다는 식의 생각은 오류이다. 사실 어떤 것이 사실이라고 해서 그 사실에 대해 윤리적으로 옳다거나 그렇게 해야만 한다는 당위가 부여될 이유는 없다. 인간이 이성을 가지는 동물이라는 사실로 인해 우리가 반드시 이성적으로만 사고하고 행위 해야만 하는 당위가 발생하는 것은 아니며, 주위에 모든 사람들이 결혼을 한다고 해서 결혼을 해야만 하는 것은 아니다.

이 오류를 자연주의적 오류라고도 하는데, 이 오류가 지배적인 것이 된다면 큰 위험이 발생하곤 한다. 현대의 진화론은 자연선택설과 돌연변이설을 채택하고 있는데, 이에 따르면 환경에 더 적합한 종이 살아남고 그렇지 못한 종은 도태되며, 유전자풀의 변화를 통해 진화가 이루어지기 위해서는 돌연변이가 발생하여야 한다. 이는 과학적인 사실이다.

하지만 이 과학적인 사실은 자연주의적 오류를 통해 우생학으로 이어진다. 환경에 적합한 종이 진화 과정을 통해 살아남는 우수한 종이기에, 인간종이 살아남기 위해서는 환경에 적합한 우수한 종만이 살아남아야 한다거나, 돌연변이를 일으켜 환경에 가장 적합한 종으로 만드는 것이 우수한 종이 되는 것이기에 유전자 개조를 통해 우수한 인간만을 탄생하게 해야 한다는 식의 논리는 모두 자연주의적 오류, 사실을 당위로 판단하는 오류이다.

세 번째는 평균의 오류이다. 이는 평균이 집단 내 모든 개체들의 성격을 반영한다고 생각하는 오류이다. 평균은 집단의 대푯값 중 하나이다. 그러나 평균값의 계산 과정은 우리로 하여금 오류를 범하도록 이끌 수 있다.

만약 한 집단에 1을 가진 개체, 5를 가진 개체, 9를 가진 개체만이 존재한다고 할 때, 세 개체의 산술 평균은 5이다. 그러나 평균의 오류는 실제로 집단에는 1과 9가 있는데도 불구하고 평균이 5이기에 집단의 개체들은 5를 가진다고 생각하는 것이다.

이러한 평균의 오류가 크게 문제가 되는 상황은 평균이라는 개념에 정상이라는 가치가 부여될 때이다. 이러한 때에 평균에서 벗어나는 것은 모두 비정상이 되어 버린다. 우리는 모두 다른 존재이고, 각자의 개성을 가진 존재이다. 평균이 정상적인 것이라고 하여 평균에 우리를 맞추려 하는 것은 '자기'를 잃게 되는 것이다.

대부분이 그렇다고, 평균적인 사람들이 그렇다고 그것에 맞추어야 할 이유는 없다. 오히려 맞추지 않아야 할 이유가 명백히 있다. 하지만 그렇다고 해서 사회적으로 용납되지 않는 행동을 해도 된다는 것은 결코 아니다.

우리는 세상 속에서 관계를 맺으며 살아가는 관계적 존재이기에, 사회와 공존하지 않은 채 독선적으로 행동하는 것은 옳지 않다. (이것이 자연주의적 오류라고 읽었다면 훌륭하나, 앞의 명제에서 뒤의 명제로 이행하는 것에는 어느 정도의 합리성이 있다고 생각한다. 우리는 관계적 존재이기에 한 사람의 공격적 행위는 다른 이들에게 부정적인 영향을 끼치게 되기 때문이다.)

그렇다 하더라도 사회는 개개인의 개성을 존중해야만 한다. 구성원을 보호하기 위한 존재 목적이 있는 집단이 구성원들의 개별성을 몰살하려 한다면 그것은 막아야만 한다. 그러한 몰살의 가장 대표적인 무기 중 하나가 바로, '평균'과 '정상'이라는 가치이다.

네 번째 오류는 도덕을 절대적인 규범으로 생각하는 것이다. 도덕은 시간과 장소에 따라 달라지는 유동적인 가치이다. 구시대의 도덕을 현재에도 적용하는 것에는 고찰이 필요하다.

예를 들어 가부장적인 도덕 규범은 현대에 들어서 많이 파괴되고 있다. 현대인들은 이러한 도덕 파괴에 많은 동의를 하고 있다. 이 예시 하나만으로도 도덕은 절대적으로 지켜야 하는 규범이 아님을 알 수 있다.

도덕이 언제나 옳은 것은 결코 아니다. 우리가 지금 시점에서 생각하는 당연히 지켜야 할 덕목들은 시간이 지나면 말도 안 되는 가치가 충분히 될 수 있고, 이에 더해 언제든지 도전받을 수 있다. 우리의 사법 제도도 이러한 관점을 받아들이곤 한다. 몇몇 판례는 도덕에 대하여 그 법이 적용되는 시기의 도덕만을 인정하고, 도덕이 절대적인 옳음이라는 것을 인정하지 않기도 한다.

도덕을 절대적인 것이라 여기는 경향성을 두 번째 오류로 이해해 볼 수도 있다. 그동안의 도덕이 있었기에, 그 도덕은 옳은 것이라고 생각하는 것은 사실로부터 당위를 도출해 내는 오류이다. 여기서 단순히 옳음을 넘어 절대성을 부여하게 된다면, 도덕은 절대적인 규범이 되어 버린다.

사실 학자마다 도덕에 대해 갖는 생각이 다양한 것은 사실이다. 어떤 사람은 도덕이 객관적인 것이라 주장하고, 어떤 사람은 도덕이 상대적인 것이라 주장하며, 어떤 사람은 도덕을 지키고 더욱 굳건하게 만드는 것이 바람직한 사회를 만드는 것이라고 생각한다. 필자는 도덕은 항상 심판대에 놓여 있어야 한다고 생각한다. 도덕은 인간을 위해 만들어진 것이기에, 도덕의 가치가 인간의 가치를 넘어 우상화되는 것을 항상 주의해야 한다.

다섯 번째 오류는 인간의 판단은 모두 이성적이라고 생각하는 오류이다. 현대에 와서는 이것이 많이 부정되고 있으며 부정되어 왔고, 이제 우리는 인간의 판단은 결코 이성적이지만은 않다고 강한 확신을 가지고 이야기할 수 있다.

인간의 모든 판단은 이성뿐만 아니라 감정, 욕구 등의 결합으로 이루어진다. 앞서 말한 도덕을 바라보는 시선이 다른 이유도 이 때문이다. 어떤 사람은 도덕을 지키고 숭배하는 것이 인간이 마땅히 해야 하는 일이라는 이성과 감정, 그리고 욕구가 섞인 판단을 한다. 또 다른 사람은 이에 반대하는 내용의 감정과 욕구가 섞인 이성적인 판단을 한다. 어떤 학자는 도덕 판단은 좋고 싫음의 선호에 불과하다는 주장을 하기도 한다.

토론에서 여러 가지 입장이 나오는 이유는 바로 감정과 욕망이 사람들의 판단 기저에 이성적 논리와 함께 전제되어 있기 때문이다. 인간은 어떠한 가치에 대해서 서로 다른 감정적, 욕망적 전제를 가지면서 그 전제를 논리적으로 풀어내기 때문에 하나의 문제에 대해 우리는 여러 가지 다양한 합리적 의견이 있음을 볼 수 있다.

인간의 이성적인 부분에만 집중하며 동물적인 부분에 대해서는 경시하는 것이 어떠한 결과를 낳았는지는 인류의 역사를 통해 확인해볼 수 있다. 우리는 인간이라는 특별한 종이긴 하지만, 포유류이기도 하며, 척추 동물이기도 하고, 동물계에 속하며 진핵생물역에 속한다.

우리는 고유한 성질만을 가지는 것이 아니며 다른 것들과 공통점을 가지기도 한다.

그러한 것들을 간과한 채 과도한 우월함에 도취된다면, 인간 자체에 대한 전반적인 통찰을 하지 못하게 되며, 이는 우리로 하여금 잘못된 방향으로 이끌 수 있다. 우리는 우리의 모든 것을 사랑하고 존중해야 한다.

04

철학에 대하여

철학은 우리에게 어떠한 의미를 주는가? 현대의 대부분의 사람들은 철학을 보통 헛소리, 뜬구름 잡는 것, 형이상학적인 것, 현실성 떨어지는 것, 취업에 도움 안 되는 학문 등의 여러 가지의 말들로 평가한다 (사실 현대에만 그랬던 것은 아니다). 이러한 평가 자체가 모두 틀린 것이라고 이야기할 수는 없는데, 이에 대해서 크게 두 가지의 이유를 생각해 볼 수 있다.

첫째, 철학이라는 학문은 대체로 다른 학문들에 대한 메타 학문, 근본과 원리를 탐구하는 학문이기에 현실에 바로 적용하는 것이 어렵다. 물론 어떠한 철학은 실제로 즉각적인 적용이 가능하다고 말할 수 있을 것이다. 하지만 그러한 영역들도 사실 대중을 향하지 않으며, 전문적인 학문 탐구를 위한 방법론 혹은 태도에 사용되는 것이 대부분이다.

결과주의적 사고가 지배적인 현대의 사람들에게 원리와 본질을 탐구하는 것은 그다지 흥미롭지 않은 것이며, 빠른 답을 내놓지 않는 답답한 작업이다(물론 직접적으로 그렇게 말하는 경우는 적다). 경험할 수 있는 현상만을 직접적인 증거로 채택하려는 성향, 과학주의적 사고 또한 그러한 생각을 강화하는 요소이다.

그러나 그들이 간과하고 있는 것은 그러한 성향과 사고는 모두 과거 철학자들의 유산이라는 점이다. 그들은 기원과 계보를 간과한 채, 그것이 낳은 결과물에만 주목하며 출생의 가치를 망각했다. 낙태의 문제에서 산모의 입장을 고려하지 않는 것도 이러한 방식으로 설명할 수 있을 것 같다.

철학은 다른 학문들이 가능해지는 원리이자 토대로 작용하며, 철학적 사고가 부재한 학문은 드넓은 바다를 목적 없이 떠도는 부유물과도 같다. 따라서 철학이 헛소리, 뜬구름 잡는 소리, 형이상학적인 것, 현실성 떨어지는 것, 취업에 도움 안 되는 학문이라고 평가하는 현대인의 생각은 가능한 것이며 맞는 부분도 있지만, 이러한 평가를 토대로 철학의 가치를 절하하는 것은 섣부른 판단이다.

두 번째 이유는 철학의 실태에 있다. 철학을 전공으로 하는 자들은 둘로 분류할 수 있다. 하나는 철학자이고, 다른 하나는 철학 학자이다. 전자는 우리가 흔히 철학자라 부르는 이들을 지칭하며, 후자는 철학이라는 학문을 공부하는 학자이다. 이 구분은 배타적이지 않으며, 사실 모든 철학자는 철학 학자이며, 모든 철학 학자는 철학자이다. 그러나 그 둘 중 어느 성향이 더 강한지에 따라 우리는 전공자들을 나누어 볼 수 있다.

철학을 하는 것과 철학을 공부하는 것을 구별해서 생각하기란 어려운 것인데, 그 이유는 '철학'이라는 단어가 가지는 모호성 때문이다. '철학을 하는 것'과 '철학을 공부하는 것'은 다른 의미를 가지는데, 전자는 '철학하다'라는 동사적 의미를 가지며, 후자는 철학이라는 학문에 대한 탐구를 의미한다.

철학을 한다는 것은, 명확하지 않으며 잘 알지 못하는 것을 명확하고 아는 것(혹은 알 수 있는 것)으로 만들고자 하는 것을 의미한다. 그렇기에 철학함은 결과로 판단되는 것이 아니며 철저히 과정으로 판단되는 것이다. 철학을 공부한다는 것은 어떤 의미인가? 철학을 공부한다는 것은 공부의 소재가 철학이라는 것이며, 주로 철학자들의 저서와 논문을 읽고 분석하고 이해하는 것에 중점을 둔다.

이제 철학자와 철학 학자의 의미적 차이는 비교적 분명해졌다. 그러나 이 구별이 어떻게 현대인의 철학에 대한 평가에 영향을 주는 것일까? 이는 철학 학자들의 영향이 크게 작용했기 때문인데, 학자적 성향이 강해짐에 따라 철학에서의 결과물은 주로 전공자들 내부에서만 유효한 것이 되었다.

예를 들어, 철학 학자들의 주 논쟁거리 중 하나는 과거 철학의 번역에 대한 문제이다. 그동안 여러 가지 갈등이 있었던 것 중 몇 가지는 다음과 같다.

'Kierkegaard'를 '키에르케고르', '키르케고어', '키에르케고어', '키르케고르' 중 어느 것으로 번역해야 하는가? 'Husserl'을 '훗설', '후싸

르', '후설', '후셀' 중 어느 것으로 번역해야 하는가? 니체의 'Wille zur Macht'를 '힘에의 의지', '권력에의 의지' 중 어느 것으로 번역해야 하는가? 칸트의 'transzendental'을 '선험적', '초월적', '초월론적' 중 어느 것으로 번역해야 하는가? 음차를 사용해야 하는가? 등….

이러한 논쟁들도 어떠한 측면에서는 명확하지 않은 것을 명확히 하고자 하는 작업이기에 철학함에 포함된다고 볼 수도 있지만, 철학함의 정의 대상에 포함된다고 우리가 직관적으로 동의하기란 쉽지 않다. 오히려 이러한 것들은 철학이라는 학문 내에서, 철학 학자들 간에 본질적 내용과 무관하게 발생하는 갈등에 속한다고 보는 것이 직관에 더 잘 부합한다.

이러한 논쟁이 나쁘다는 것은 아니지만, 분명히 그러한 논쟁들 중 몇몇은 학문에 있어서 그다지 중요하지 않음에도 학문과 무관한 다른 것들, 예컨대 명예와 권위를 위해 발생하고 있는 것으로 보인다. 이는 전공자들 간에도 중요한 사안이 아닐 터인데, 비전공자들에게는 이것과 함께 앞서 말한 다른 논쟁들도 그다지 중요하지 않은 것으로 다가오게 된다. 그들에게는 번역 논쟁과 같은 것들은 설령 그것이 철학적으로 중요한 의의를 가지는 것이더라도, 의미 없는 말싸움에 불과하게 여겨진다.

정보화 시대가 도래하고 정보량이 많아짐에 따라 철학의 주요 쟁점들이 아닌 부차적인 논쟁들도 일반 대중들에게 도달하게 되었는데, 앞선 첫째 이유와 같이 근본에 대한 탐구마저 비현실적이고 쓸모 없는 것으로 생각하는 이들에게 이와 같은 문제들을 더 고려할 필요도 없이 평가절하되었다. (실제로 번역에 대한 갈등이나 철학 학자들 간에 다른 갈등에 관한 내용은 언론 매체에 등장한 적이 여럿 있다.)

위와 같은 이유들로 인해 현대에서 철학이라는 학문에 대한 관념은, 다소 부정적인 것으로 인식되고 있음을 알 수 있다. 이제 이런 오해를 풀기 위해, 상당히 강한 정도로 형성된 고정 관념을 해소하기 위해 철학이란 무엇인지에 관해 논의해 보자.

필자는 모든 종류의 철학을 좋아하는데, 현존하는 어렵고 복잡한 것들에 대한 숙고 활동을 좋아하기 때문이다. 그러나 이때 필자의 '좋아함'은 두 가지로 말해진다. 하나는 인간의 삶에 적용이 되는 특성에서 비롯된 좋아함이고, 나머지 하나는 인간의 삶에 쉽게 적용이 안 되고 인간이 더 나은 삶을 살도록 만들어 주지 않지만 이성적 탐구의 놀잇감으로써의 좋아함이다.

사실 철학이라는 학문 내에서 전자에 대해 논의하는 철학은 그다지 많지는 않고, 대부분은 후자에 속한다. 전자의 철학에는 윤리학과 같은 영역이 포함되며, 후자의 철학에는 논리학과 같은 영역이 포함된다. 그렇다고 해서 필자가 이성의 놀잇감인 철학을 폄하하는 것은 결코 아니다. 그러한 것들은 방법론적으로 전자의 철학에 큰 도움을 주며, 없어서는 안 되는 필요 조건이다.

그러나 정말로 철학에 있어서 중요한 것, 철학의 목적인 것은 전자이다. 인간의 삶을 더 나은 것으로 만들도록 이끌고 방향성을 제시하는 것은 철학의 가장 최상위 목적이며 가장 중요한 목적이라고 생각한다. 인간에게 정말로 중요한 문제는 삶의 문제이며 어떻게 실존할 것인지에 대한 문제이다. 철학이라는 학문은 궁극적으로 이 문제에 대한 답을 제시하려 노력해야 하며, 그렇지 않은 것은 호기심과 지적 갈증만을 채워 줄 뿐이다.

철학이라는 학문 자체를 즐거워하는 이들은 탐구만으로 자신의 실존성이 강화되기에 그들에게 철학은 좋은 것이 된다. 하지만 그러한 경향성과는 별개로 철학적 탐구의 궁극적 목표는 삶에 대한 탐구가 되어야 한다. 이는 비단 철학에만 유효한 것이 아니라 인간이 창조한 모든 학문에 적용되어야 하는 것이다. 우리가 공부를 하는 이유와 목적은 주관적이고 개인적인 것이어도 문제 되지 않지만 우리가 공부하는 학문 그 자체는 인간을 위한 것이어야 한다.

이러한 관점에서 진리를 탐구한다는 것이 어떠한 의미를 가지는지도 생각해 볼 수 있다. 인류의 역사가 진행되며, 진리 탐구는 단순히 세상의 진실을 파악하고 이해하는 것을 넘어 숭배의 차원에까지 이르게 되었다. 진리 탐구는 '진실을 아는 것'에서 '진실을 알아야만 하는 것'으로 그 의미가 변질되었고, 그러한 당위적 명령으로 인해 어떠한 이들에게 진리 탐구는 인간의 삶보다 더 우선시되었다.

이는 결국 지적 호기심 혹은 더 나은 삶을 위한 수단이었던 진리 탐구가, 그 자체로 목적이 되어 버린 것이라고 해석할 수 있다. 그렇기에 어떠한 의미에서 진리는 우리의 '빛'이 아니라 '빚'이 되어 버렸다. 인간의 존재 이유는 진리 탐구일 수 없다. 따라서 진리 탐구는 목적적 가치를 가져서는 안 되며, 탐구자의 실존을 위한 것, 혹은 인간의 실존에 유용한 것의 수준에 머물러야만 한다.

철학의 종류와 목적에 대한 정말로 간소화된 부분적 논의를 진행하였으니, 이제 철학의 특징에 대해서 논의해 보자. 필자는 철학에 대한 평가 중 '비현실적이다'에 대한 오해를 해소하고자 한다.

철학의 특징으로 가장 많이 언급되는 것들 중 하나는 비현실성인데, 사실 이때의 '비현실성'이라는 단어는 문자 그대로의 의미를 가지지 않는다. 문자 그대로의 의미는 현실적이지 않음, 즉 가상적이고 현존하지 않는 것들에 관한 것일 텐데, 위에서의 '비현실성'은 존재론적 가능성에 대한 언급이기보다는 인식론적 언급이나 유용성에 관한 언급에 가깝다.

다시 말해, 사람들이 철학에 대해 '비현실적'이라고 평가하는 것은 사실 철학의 탐구 대상이 우리가 쉽게 인식하고 관찰하기 어려운 것들이라고 생각하기 때문에, 또는 명확한 하나의 대답을 주지 못하거나 우리를 아포리아로 이끌고, 대부분의 주장이 곧바로 가공하여 현실에 적용하기 어렵다고 생각하기 때문이다. 이러한 방식으로 대중의 '비현실성' 평가를 해석한다면, 앞서 설명한 현대인들의 여러 평가들에 대한 이해의 틀을 똑같이 이에 적용할 수 있다.

그러나 위와 같은 해석은 상당히 고고하고 이상적이고 비현실적인 해석이다. 사실 철학을 비현실적이라고 평가하는 이들 중 철학을 제대로 공부하고 이해하려 한 이들을 찾는 것은 불가능에 가깝다. 왜냐하면 모든 학문을 통틀어 철학만큼 현실적인 학문은 없기 때문이다.

철학은 명료하지 않은 것을 명료하게 만들기 위해 노력하는 작업이고, 우리의 현실 세계는 결코 명료하지 않다. 우리가 세계를 어떠한 이론들로 정리하려는 이유도 사실은 세계가 너무 복잡하고 알 수 없는 것들로 가득하기 때문이다. 그러나 철학의 방법론, 특히 회의적 방법론은 다른 학문들의 방법론과는 명료성에 대한 태도가 다르다.

모든 학문은 세상과 접촉하며 탐구를 개시한다. 그러나 우리가 탐구를 진행하면 진행할수록, 더욱더 깊은 사고에 빠진다면, 우리가 무언가를 가정하지 않고서는 더 이상 탐구를 깊게 진행하는 것이 너무 어려워지고 힘든 작업이 되어 버린다.

그래서 대부분의 학문은 탐구 진행의 어느 특정 지점에서 멈추고 그 지점에 도그마를 설정하고, 그 이상으로 파고드는 것은 금지한다. 물론 어느 지점에서 왜 멈추고 어떤 이론을 상정해야 할지에 대해, 제대로 된 모든 학문은 나름의 근거를 들어 설명한다. 하지만 그것은 본래는 없던, 비현실적인 것임을 알 수 있다.

그렇기에 사실 극단적 회의주의를 제외한 모든 학문들은 그 근본에서 비현실적인 토대를 두고 있다고 볼 수 있다. 하지만 그중에서 철학은 최대한 현실의 깊은 곳까지 들어서려 하며, 다른 학문들의 근본이 되는 것을 파악해 내고, 최상위 도그마의 설정을 가장 최하층에서 하기 위해 끊임없는 회의와 의심, 성찰을 하려 고군분투한다. 이러한 이유로 철학은 비현실적인 학문들 중에 가장 현실적인 학문이라고 생각해 볼 수 있다.

이렇듯 많은 사람들은 철학의 현실성에 대해 인지하지 못한 채 (혹은 인지하려 하지 않은 채) 문자 그대로의 의미를 지니지 않는 '비현실성'이라는 단어만을 들은 채 별다른 숙고 없이 철학이 정말로 비현실적인 것이라고 생각하게 되었다.

물론 철학을 공부해 보고 어느 정도 상당한 이해를 가진 이들이 철학을 비현실적이라고 평가하는 경우도 없지는 않을 것이다. 그러나 그러한 경우가 발생하는 것은 사실 '현실' 등의 개념에 대한 서로 간의 이해 또는 표상이 다르기 때문이지, 정말로 철학이 현실과 무관한 것, 현실에 없는 것에 대해서 이야기하는 것이라고 보기는 어렵다. 따라서 문자 그대로의 의미에서 철학을 비현실적이라고 평가하는 것은 적절하지 않다.

이제 다음으로 학문 자체에 대한 논의에서 벗어나, 철학을 공부하는 것 또는 철학을 하는 것이 인간에게 어떻게 영향을 미칠 수 있는지에 대해 생각해 보자.

누군가 철학이 도대체 자신의 삶에 어떠한 변화를 줄 수 있는지에 대해 물어본다면, 필자는 그 변화가 공부한 결과에서 비롯되는 것이 아닌 사유해 봄에서 비롯된다 할 것이다. 왜냐하면 단순히 지성을 사용하고 지식을 쌓는 것만으로는 자기에 미치는 영향이 크지는 않기 때문이다.

누군가가 칸트의 《실천이성비판》을 읽었다는 사실은 그것 자체 이외의 다른 뜻을 지니지 않는다. 그러한 학문적 환경의 주어짐에서 더 나아가는 것은 철저한 능동적 주체의 몫이다. 우리는 세계 속 무수히 다양한 것들과 직간접적으로 교류하며, 어떤 마주침은 우리의 기억 체계에 저장되며, 다른 마주침은 마주쳤다는 사실조차 망각되곤 한다. 지식을 쌓는 것은 이런 마주침들 중 하나이다. 《실천이성비판》을 마주하며 우리는 정언 명령이라는 개념을 기억하지만, 서문의 세 번째 문장이 무엇이었는지는 기억하지 못한다.

우리가 어떤 대상을 기억한다는 것은 어떠한 의미인가? 거칠게 세 가지 정도로 구분할 수 있다. A는 정언 명령이 어떠한 의미였는지 기억 못 하면서 오로지 '정언 명령'이라는 단어만을 기억한다. B는 정언 명령의 사전적 정의와 '정언 명령' 단어를 기억한다. C는 B의 기억을 가지며 칸트가 어떠한 이유로, 그리고 어떠한 서술 방식으로 정언 명령에 대해 언급했는지를 기억한다.

A, B, C 모두 정언 명령과 유관한 것을 기억한다는 것은 공통적이지만, 우리는 진정한 의미에서 정언 명령을 기억하는 것은 C라고 한다. 그러면 이제 진정한 의미에서 기억을 하는 것, 혹은 이해하는 것이 무엇인지를 규명해야 할 텐데, 이는 과정이 결과보다 중시되어야 한다는 관념의 연장선에 놓인 것이라 볼 수 있다.

우리가 C를 가장 높게 평가하는 이유는, 사실 우리는 A, B, C의 드러난 결과만을 보고 있지만, C가 기억하는 것들을 기억하는 데에는 상대적으로 더 복잡한 사고와 사유 과정이 필요하다고 가정하고 있기 때문이다. 이 가정은 참일 확률이 높고, 실제로 철학적 개념과 같은 것들을 이해하고 기억하기 위해서는 표면적 암기의 영역보다 상대 철학자의 사유를 사유해 보는 영역이 더 많이 관여한다. 따라서 은연중에 단순히 쌓아 올린 지식의 덩어리보다 지식을 쌓기 위해 쓰이는 사고와 사유 과정에 좀 더 높은 가치를 부여하고 있음을 알 수 있다.

그렇다면 그러한 가치 부여의 경향성은 왜 있는 것인가? 그 이유는 바로 사유가 모든 지적 활동과 학문을 위한 도구적 필요 조건으로 기능하기 때문이다. 사유가 없는 학문은 근본 토대를 이룰 수 없으며 허약한 나뭇가지를 엉성하게 100층 쌓아 올린 것과 같다.

지금의 시대에 생각하고 사고하고 사유하는 것의 중요성을 강조하지 않는 이들은 찾아볼 수 없다. 그런데 사유에 대한 이러한 서술은 앞서 말한 철학에 대한 서술과 매우 유사한 구도를 가지는 것으로 보인다. 철학이 다른 학문의 메타 학문이자 토대를 이루기 위해 필요한 것은, 사유가 도구로써 모든 학문의 토대를 이루기 위해 필요한 것과 같다. 이러한 유사성의 이유는, 사유가 철학의 핵심 도구임과 동시에 목표이기 때문이다.

철학의 모든 활동의 중점은 경험 또는 관념을 발전시켜 어떤 것을 규명하거나 새로운 이론을 만드는 것에 있는데, 이러한 속성으로 인해 철학에서 요구하는 능력은 사유 능력이 대부분이다. 그리고 이러한 사유 능력을 키우는 것은 철학자들에게 요구되는 소양이자 철학자들의 목표 중 하나이며, 인간의 전반적 지적 능력을 키우고자 하는 이들에게는 최상위 목표가 된다. 이렇듯 사유 활동은 학문들 철학과 가장 깊은 관련성을 맺고 있다.

사유가 중요한 이유는 앞서 말한 대로 학문들의 형성과 발전에 유용하기 때문인데, 이것 외에 인간 개인에게 주는 영향도 긍정적이다. 사유 능력이 발전됨에 따라 우리는 명확한 분별력을 얻을 수 있고 정확한 판단을 내릴 수 있게 된다. 이러한 기초의 탄탄함은 인간의 활동 전반에 힘을 전달함과 동시에 방향을 잡아 주는 역할을 한다. 사유 능력을 키우는 것은 사유를 하는 것으로 가능해지는데, 이 때문에 많이 사유한 이들은 그들보다 덜 사유한 이들보다 더 잘 사유할 수 있다.

사유라는 것은 거창한 것이 아니며 이성적 존재자는 누구나 할 수 있는 것인데, 우리가 떠올릴 수 있는 질문들은 거의 전부 철학의 영역에 속한다(혹은 속했었다). 철학의 역사가 오래된 만큼, 우리가 일상에서 기초적으로 떠올리는 사유적(사유가 필요한) 질문들은 대부분 과거 철학자들의 글 속에 담겨 있다. 우리는 그들을 공부함으로써 개시했던 사유적 질문을 해소할 수 있고, 해소 과정에서 타인의 사유 과정을 이해하며 그들의 사유를 배울 수 있고, 다른 사유적 질문을 던진 이들을 보며 사유의 범위를 확장하기도 한다. 그리고 이 과정 속에서 철학의 목표와 내용들을 알게 되어 세상에 대한 기반적 지식들을 배울 수도 있다. 이러한 점에서 철학은 사유 능력 함양을 위한 가장 좋은 교재가 된다.

그러나 이러한 점에도 불구하고 철학에 대한 현대인들의 인식은 앞서 말한 것처럼 긍정적이지만은 않다. 지금까지는 그 이유를 개인적인 것들에 중점을 두었지만, 사실 통시적인 관점에서도 그 이유를 찾을 수 있다. 인간의 시간이 진행될수록 차츰차츰 진행되었던 철학의 분화는 점차 가속화되었다. 자연과학, 미학, 심리학, 사회학, 정치학, 언어학 등 거의 대부분의 학문은 철학의 범주에서 벗어나 독자적인 학문 체계를 설립하기 시작했다. 그렇기에 사실 현재 우리가 보는 수많은 다양한 학문들은 철학의 분과 학문이라고 보아도 무방하다.

그러나 이러한 분화로 인해 여러 가지 심각한 문제가 발생했다. 앞서 강조했듯, 철학은 다른 학문들의 사상적 기반, 전제와 토대를 이루는 학문이다. 그렇기에 철학으로부터 분리된 학문은 그 기반에 대한 논의를 진행하고 변화를 주도하는 것이 어려울 수밖에 없으며, 이러한 점 때문에 분화된 학문들은 곁가지와 줄기만이 끊임없이 변화하였으며 근본에서의 큰 반전이 일어나지 않았다. (사실 근본에서부터의 뒤집기를 시도한 학문들이 있다. 가장 큰 예시로 경제학 분야에서 고전 경제학의 대전제를 전복시키려는 행동 경제학의 시도가 그러한데, 아쉽게도 그러한 시도가 전복의 수준까지 이르지는 못했다. 이는 근본 토대에 대한 논의를 할 수 있는 여건이 철학으로부터의 분화로 인해 상실되었기 때문이다.)

그러나 그동안 철학은 멈춰 있지 않았다. 철학 영역은 구조주의로 인해 맞이한 위기 등의 상황들을 타개하기 위해 많은 변화를 거쳐 왔고, 철학자들의 깊은 사유를 통해 이전보다 견고해진 모습을 갖췄으며, 인류가 당면하고 있는 현실을 분석하는 한편, 다가올 현실에 대해 예측하였다.

이러한 변화 속도의 차이는 분화 시점부터 발생하기 시작한 사상적 차이의 가속화를 이끌었고, 그 결과 사회 전반의, 학문 체계 전반의 혼란과 갈등을 야기했다. 학문들은 오래되어 먼지가 가득 쌓인 자신들의 사상적 도그마를 각자 유지한 채 그곳에서 비롯된 서로 다른 논리를 전개하였다. 이 논리들은 다행히 철학의 것을 공유하고 있던지라 모두가 합리적인 주장을 하였지만, 서로 동의하지 못할 전제를 상정한 이상 그곳으로부터 시작된 각자의 논리는, 설령 그것이 합리적인 것이더라도, 서로 납득되지 않는다.

그렇기에 이 모습은 마치 10명의 어린아이가 각자 자기 얘기만 하고 서로 대화가 되지 않는 것과 같은데, 이러한 갈등을 중재해 주고 문제를 해결할 수 있는 것은 부모(혹은 후견인)의 역할을 해 줄 수 있는 철학이다. 그러나 둘의 세대 차이는 세대 간의 소통을 방해하는 요소가 되었으며, 아이들은 부모를 향해 구시대의 유물이라며, 알 수 없는 얘기만을 한다며, 현실성 없는 얘기를 한다며 그들의 얘기를 들으려 하지 않는다. 하지만 정작 구시대의 유물이고, 사유하지 않아 이해하지 못하고, 자신이 직면한 현실이 무엇인지 모른 채 살아가는 것은 바로 아이들이다.

하지만 우리가 이 장에서 처음부터 이야기하고 가정해 왔던 것과는 달리, 우리 사회에는 철학 등의 인문학을 장려하고 그것이 가치 있는 것이라 강조하는 시각도 존재한다.

05

교양에 대하여

철학을 비롯한 교양 학문(교양이 무엇인지는 도대체 모르겠지만) 들은 비전공자 대중으로부터 재밌게도 두 가지의 상반된 평가를 받고 있다. 하나는 앞 장에서 서술한 것처럼 비현실적이고 실질적인 도움을 주지 않으며 뜬구름 잡는 소리라는 다소 부정적인 평가이다.

그러나 다른 하나는 이러한 비판적인 시각과는 반대로, 철학은 반드시 알아야만 하는 것이며 높은 가치를 지니고 삶의 밑바탕이 되며, 훌륭한 인물이 되고 성공하기 위해서 필요한 것이라는 등의 상당히 긍정적인 평가이다. 과연 이러한 긍정적인 평가의 실체는 무엇이며, 이렇게 상반되는 평가가 우리 사회에 동시에 존재하게 된 기원은 무엇인가?

실체 파악을 위해 가장 전형적인 사례를 하나 들어 보자. 경제성장기를 거친 중년층 세대와 일부 청년 세대는 교양 지식의 중요성을 말하곤 한다. 그래서 그들은 고대 그리스 철학 등을 공부하려 하고 그것의 놀라움에 감탄한다. 그러나 그들은 보통 그것들에 대한 사유를 진행하지는 않으며 오직 표면적 지식으로써 향유하며, 사유를 한다 하더라도 그 이상에서 잘 나아가지는 않으며 그것을 진리인 것처럼 추앙한다는 점이다.

실제로 우리 주변에서 철학 전공자가 아님에도, 플라톤의 이데아를 알고 있다 말하는 사람은 꽤 많다. 예술 분야에 대해서도 마찬가지이다. 음악 이론이나 미술사에 대해서 지식을 갖고 말하는 사람은 이제는 우리 주변에서 꽤나 쉽게 찾아볼 수 있다. 그러나 그들은 대부분 진짜로 그것들을 알고 있지는 않다. 무지에 대해 이렇게 다소 과격한 주장은 하는 것은 필자의 경험적 증거에 의한 것이기는 하지만, 이를 뒷받침할 이론적 근거가 두 가지 있다.

첫째는 개개인의 잘못된 학습 방법에 있다. 사람들은 보통 읽어야 할 것을 읽지 않고, 들어야 할 것을 듣지 않으며, 보아야 할 것을 보지 않는다. 읽어야 할 것이란 학습 내용이 쓰여진 책일 것이다. 수학적 지식을 얻기 위해서는 수학책을 읽고 이해하고 문제 풀이를 통해 이해를 심화해야 한다는 것에 동의하지 않는 이는 적을 것이다.

이를 받아들이면서 플라톤의 이데아론이 서술되어 있는《국가》를 읽지 않는 것은 모순적이다. 하지만 사람들은 사실 이데아론이《국가》에 서술되어 있다는 것도 잘 알지 못하며, 영상 매체나 수업에서 들은 경험을 통해 자신들이 플라톤의 이론을 이해하고 있다고 착각한다.

들어야 할 것은 음악일 것이다. 동일한 맥락에서 베토벤의 9번 교향

곡에 대해 알기 위해선 그 곡을 들어 보아야 할 것이다. 그러나 대부분의 사람들은 그것에 대한 배경이나 곡의 이름에나 집중하며 정작 곡의 시작부터 끝까지 제대로 감상해 본 적이 없다.

보아야 할 것은 그림이나 조각일 것이다. 세잔의 〈La Table de cuisine〉이나 〈Pommes et oranges〉에 대해 이야기하며 그것을 알고 있다고 이야기하는 사람은 많지만, 사실 그 그림들을 오랫동안 집중하여 감상하며 스스로 이해하려 한 이는 거의 없으며, 대부분 남의 감상이 쓰여 있는 책의 텍스트를 보며 그림을 알고 있다고 착각한다. 이렇듯 사람들은 잘못된 학습 방법을 택했음에도 자신은 그것의 진리를 알고 있다고 착각한다.

둘째는 주입식 교육 체계에 있다. 위와 같이 사람들이 잘못된 학습 방법을 가지게 된 이유 중 가장 큰 것은 교육 환경이다. 어릴 적부터 교과서를 통해 정리된 지식을 흡수해 오는 것이 익숙해진 우리는 어떠한 지식이 형성된 맥락이나 계보와 기원을 잘 알지 못한 채 교과서에 쓰여 있는 것을 절대적 진리처럼 생각해 그것을 암기한다. 그것이 왜 맞는 것인가에 대한 검증 과정은 교육 과정에서 크게 요구되지 않는다. 설령 그것이 서술되어 있고 학습 목표에 언급되어 있더라도, 암기식의 시험은 그러한 사고 과정을 멈추게 하며 표면적이고 파편적인 지식의 암기를 요구한다.

그렇기에 무언가를 제대로 파고들고 알고자 하는 이들은 압력으로 인해 그것을 하지 못하게 되며 심지어 하지 못하도록 강요당한다. 이러한 습관은 성인 시기까지 이어져, 우리는 과정보다 결과를 중시하게 되며, 빠르고 양적인 지식의 습득을 추구한다. 이로 인해 사람들은 비판 능력과 검증 능력을 키우지 못하게 된다.

철학에서 요구하는 능력은 사유와 비판적 사고인 것에 반해, 정작 사람들은 철학적 지식의 암기에 치중하고 그것을 외운 것에 만족하고 자신이 진정한 앎을 얻었다고 착각한다. 그러나 그러한 잘못된 앎은 어떠한 도움도 되지 않을 것임이 명확하다.

이렇듯 사람들은 사실 철학과 같은 인문학의 교양적 지식이 중요하다고 말하면서도 정작 그것에 대한 제대로 된 지식을 쌓고 있지 않은데, 이는 결국 사람들이 갖고 있는 교양 지식의 중요성에 대한 관념은 그 내용 자체에서 비롯되지 않으며 이와는 무관한 다른 것에서 비롯되고 있음을 함축한다. 이에 대한 두 가지 원인을 들 수 있을 것이다.

하나는 지식에 대한 숭배이다. "아는 것이 힘이다"와 같은 고사에 이끌려 사람들은 방대한 지식을 가진 사람을 지식인이라 부르며 칭송하고, 자신들도 그렇게 되기 위해 노력한다. 지식에 대한 숭배는 지식에 대한 맹목적 갈증을 낳는데, 이때 사람들은 올바른 지식을 얻는 것보단 위에서 서술한 것과 같이 많은 양의 지식을 얻는 것에 집중한다.

리드 타임을 짧게 가져가며 대량의 기본 상품을 생산을 하는 방법과 긴 리드 타임을 가져가며 소수의 주문 제작 상품을 생산하는 방법의 구분을 지식의 양적 추구와 질적 추구의 구분과 같은 구도로 이해하는 것은 잘못된 것이다. 왜냐하면 생산 방법의 차이는 그 대상의 특성에 맞추어 각자가 목표하는 바를 성공적으로 달성하는 서로 다른 방법이지만, 본 글에서 말하는 지식의 양적인 추구는 옳은 것에 대한 추구보다는 옳음이 명확하지 않은 것을 옳다고 생각하며 그저 많이 아는 것을 추구하기 때문이다. 지식이라는 대상을 추구한다 함은 정당성, 옳음, 믿음을 목적으로 추구하는 것인데, 양적 추구는 이를 간과한다. (물론 지식의 조건에 대해서는 여러 가지 견해가 있으나 이에 대한 논의는 해당 장에서 중요하지 않으며, 어떤 입장을 택하건 본 글의 주장은 유효하다.)

따라서 모든 지식은 질적 추구가 필요 조건이어야 하며, 질적 추구는 우리를 아포리아로 이끌 수 있으며 시간이 오래 소요된다는 등의 핑계는 잘못된 방법의 추구이다. 지식은 우리에게 유용한 수단적 가치만을 지니며, 지식에 대한 숭배는 그러한 지식의 본래적 기원을 간과하며 지식을 무조건적인 가치를 가지는 우상으로 만들어 우리의 비판 능력의 발휘를 억제해 무분별한 양적 추구로 이끈다. 이러한 점으로 인해 사람들은 교양 지식에 대한 제대로 된 앎을 갖지 못하면서 그저 그것이 지식이라는 이유로 중요하다고 생각한다.

다른 하나는 성공학과 관련되어 있다. 성공학은 학문의 일종이 아님에도 불구하고, 현대 사회에는 "성공하려면 인문학을 알아야 해."와 같은 문장은 꽤나 영향력 있게 설파된다. 이와 유사한 종류의 주장들은 모두 논리학의 기본적인 원칙을 위반하고 있는 것인데, 왜냐하면 보통 성공학은 성공했다고 불리는 이들(혹은 성공했다고 스스로 이야기하는 이들)의 행태 분석을 통해 그들을 따라하는 것이 성공으로 이끌 것이라고 하기 때문이다.

이를 조건문에서의 후건 긍정이라고 하는데, 예를 들자면 명제 '시험을 잘 본 사람은 공부를 했다'에서 명제 '공부를 하면 시험을 잘 본다'를 추론해 내는 것이다. 사실 성공이 무엇인지는 도대체 모르겠지만 사람들이 흔히 말하는 성공 개념을 사용해 보자면, 성공에 중요한 것은 성공한 자들의 행태 분석을 통해 그들을 따라하는 것이 아니라 그들의 행위와 태도가 어떻게 성공으로 이끌었는지에 대한 인과를 분석하는 것이다. 각각의 식물마다 성장을 위해 물을 주어야 하는 최적의 주기가 다른데, 성공학은 여러 사람들의 주기를 분석하며 그들의 주기를 모방하도록 하고, 물을 언제 어떻게 주는 것이 식물의 성장에 있어서 어떠한 유의미한 영향을 주는지에 대해서는 잘 이야기해 주지 못한다.

우리가 인류의 역사를 쭉 훑어보았을 때, 위인이라고 하는 대부분의 인물들은 모두 인문학자이거나 인문학적 지식과 소양이 뛰어난 사람이다. 성공학은 이들을 분석하며 "아! 우리가 인문학을 공부하면 성공하는 사람이 될 수 있겠구나!"라는 섣부르고 논리적 오류를 범하는 부당한 결론을 이끌어 낸다. 이를 본 사람들은 그리하여 인문학을 찾아보게 되는데, 인문학을 공부하는 것이 성공으로 이어질 수 있는 인과관계나 상관관계는 알지 못한 채 그저 책을 읽거나 강의를 들으며 근본 토대가 없이 지식 갈증을 추구한다. 물론 그러한 이들 중 극히 일부는 이것을 계기로 인문학을 접해 그것을 제대로 공부하기 시작하지만, 이는 정말로 극소수에 불과하며 이들을 이끌어 줄 수 있는 것도 찾기 어렵다.

인문학이라는 분류도 상당히 추상적이지만, 어쨌든 인문학 내에 철학이 포함되는 것은 확실하기에, 철학을 기준으로 삼아 이야기해 보자. 철학의 핵심은 사유함에 있다. 우리는 사유함으로써 우리의 이성을 성장시킬 수 있고, 이러한 방식으로 심화된 이성은 다른 모든 행위를 함에 있어서 거시적 지침을 주거나 사태의 옳고 그름에 대한 명료한 판단이 가능하게 하거나 방향을 설정해 준다. 이러한 것들이 결국은 성공이라고 우리가 쉽게 이야기하는 것에 기여할 것이다. 그러나 이러한 인과적 연쇄가 가능하기 위해서는 당연히 지식의 질적 추구가 요구된다. 철학을 성공을 위한 수단으로만 생각해 낮은 가치를 부여하며 자기를 부풀리고 장식하기 위한 용도로써 대하게 된다면, 사유함을 중시하는 철학의 본래적 목적이 달성되지 않을 것이다.

이렇게 우리는 교양이라고 부르는 것들에 대해 사람들이 긍정적인 평가를 내리는 이유와 기원, 그리고 어떤 오류를 범하고 있는지를 알게 되었다. 교양이 중요한 것이라면, 그것은 교양 지식을 많이 아는 것이 아니라 제대로 된 교양 지식을 올바른 방법으로 학습하는 것에 있을 것이다. 만약 그렇지 않다면, 그러한 태도는 속이 텅 빈 풍선의 크기만을 키우는 것과 같으며, 건물을 쌓겠다면서 안정성 있는 공법이 아닌 그저 빠르게 높이 쌓아 올리겠다는 것과 같다.

06

배움에 대하여

우리는 왜 배움을 받는가? 혹은 왜 배움을 받아야만 한다고 우리의 시대는 요구하는가? 수많은 알 수 없는 것들 사이에서 우리가 그나마 확신할 수 있는 것은, 우리가 배워야 한다는 당위를 갖고 태어나지는 않았다는 점이다. 배움의 필요성에 대해 인간이 구상하기 시작한 것은 인류 생존과 관련 있을 것이다.

도구 사용법과 같이 약육강식의 환경에서 살아남는 법을 우연히, 그리고 반복적 학습을 통해 깨닫게 된 인류는, 종족 보존을 위해 부모 세대가 알게 된 유용한 것들을 가르치기 시작했다. 인간을 제외한 몇몇 동물들도 마찬가지이다. 이전 세대는 다음 세대에게 살아남는 법을 가르쳐 주거나 스스로 체득하도록 한다. 물론 적자 생존의 진화 원리 때문인 것이라고 반문할 수 있지만, 가르침에 대한 관념과 가르치는 행위에 대해 우리는 경험적으로 (혹은 직관적으로) 인식하고 있기에, 모든 것을 적자 생존 원리로 환원시키는 것은 다소 어려워 보인다. 따라서 진화 사태와 평행적으로 가르침의 문화도 공존하고 있다고 볼 수 있다. 그러나 그러한 가르칠 수 있는 형질을 가진 유전자는 자연 선택되어 현재 지구 인류의 유전자풀에서 지배적인 역할을 하고 있는 것으로 볼 여지는 있다.

하지만 인간만은 특이하게도 이 가르침이 생존의 가르침에서 더 나아갔다. 인간은 자연을 경험하고 탐구하며 알아 낸 사실, 인간의 삶을 탐구하며 알아 낸 사실 등을 후대에 가르치고, 후대 사람들은 그것들을 열심히 배웠다. 인간은 생존을 넘어 더 나은 삶, 더 좋은 삶을 살 수 있는 법을 가르쳤다.

그러나 시간이 지나며 진리라는 개념이 생겨났고, 인간은 진리를 위해 배우고 가르치게 되었다. 진리는 우상이 되었고, 인간 공동체에는 그 진리를 우상 숭배하는 하나의 종교가 탄생하였다. 현대인은 학교에서 정말 많은 것들을 배운다. 학교에서 배우는 것들이 전부 우리가 더 나은 삶을 살 수 있도록 해 주는 것들이라면, 인간은 배움에 대한 회의를 갖지 않을 것이다. 그러나 요즈음의 학생들은 본인이 배우는 학문들을 왜 배우는지에 대한 의문을 많이 갖는다. 모두가 사용하는 것도 아니기에 나중에 써먹을 일도 없는 미적분을 왜 배우는지 모르겠고, 여타 다른 복잡하고 어려운 이론들을 왜 배우는지에 대해 학생들은 명쾌한 답을 찾지 못한다.

윗사람들은 그러한 학생들의 의문을 멈추게 하고, 그냥 할 것을 명령한다. 왜냐하면 사실 그들도 그 이유를 잘 모르기 때문이다. 그 이유를 안다고 생각하는 자들은 유용성 등의 가치를 언급하며 학문을 예쁘게 포장하여 학생들의 질문 소급을 멈춘다. 이러한 현상이 발생하는 이유는, 우상을, 혹은 도그마를 의심하는 것은 어려운 일이며 반성적 성찰 없이는 거의 불가능에 가깝기 때문이다.

그러나 이것이 모든 상황을 설명하지는 못한다. 위에서의 우상은 진리 그 자체에 대한 우상이지만, 또 다른 하나의 우상은 성공주의, 결과주의, 자본주의, 능력주의에서 비롯된 것이다. 좋은 학교, 좋은 직장에 가기 위해 스스로 기꺼이 배우고자 하며 공부하고자 하는 이들은 이 우상을 숭배하는 자들이다. 즉 그들에게 배움의 목적은 사회적 성공이면서, 동시에 그 목적은 그들의 주체적 이성을 통해 설정된 것이 아닌 그저 숭배의 대상이다. 그렇기에 사회적 성공이 진정한 목적이라고 할 수 있는 것인지, 더 좋은 삶, 더 나은 삶으로 나아가도록 만드는지에 대한 의문을 품을 여유는 그들에게 없다. 그럴 생각을 할 시간에 한 자라도 더 공부하면 더 큰 사회적 성공을 이룰 수 있다고 우리의 사회는 강요한다. 이반 일리치가 최고 인간의 상이 되어 버린 이 모습이 얼마나 안타까운가!

배움 그 자체가 즐거운 사람들도 있다. 그들이 배우는 이유는 성공을 위해서가 아니라 그저 즐거운 일이기 때문이다. 이 경우에 대해서는 전혀 연민이 느껴지지 않는다. 자기가 좋아하는 것을 하는 순수하고 숭고한 인간적인 행위를 하는 것은 칭찬과 동경의 대상이기 때문이다. 그러나 배움이라는 큰 짐을 지고 성공이라는 불확실한 우상을 향해 걸어가야 하는 많은 인간에게는 연민이 든다. 그들에게 배움은 즐거운 것이니 그저 해 보라는 말을 하는 것은 잔인하고 폭력적인 일이다. 그것은 마치 시각을 잃은 사람에게 자연의 아름다움을 목도하라는 것, 또는 청각을 잃은 사람에게 음악을 감상하라는 것과 같다.

배움은 우상의 자리에서 내려와야 한다. 배움이 숭고하기 때문에 당위성을 갖는다는 사실은 제거되어야 한다. 그럴 때 비로소 배움은 무거운 것이 아니게 되고, 배움 자체가 즐겁지 않은 사람에게도 한번 시도해 볼 만한 것 정도의 접근성을 갖게 된다.

배움을 가벼운 마음에서 대하기 시작하면 마치 어린아이가 세상에 대한 순수한 호기심을 보이는 것과 같은 즐거움이 몰려온다. 앞서 말했듯, 현재의 인류는 배움의 유전자를 보유하고 있다. 그렇기에 사실 모든 인간은 배움 행위 자체에 대한 거부감을 선험적으로 갖지 않는다. 그러나 문제가 되는 것은 원치 않는 것을 배우는 것이다. 공부를 싫어하고 게임을 좋아하는 사람은 게임을 배우는 것을 좋아한다. 또, 진리에 대한 배움이 우상이 되어 너무 무거운 것이 되어 버렸기에 인간은 배움이 싫어지게 되었고, 배우는 과정은 그저 사회적 성공을 위한 인내의 과정이 되어 버렸다.

배움을 가벼운 것으로 만들기 위해 유치원이나 초등학교는 아이들이 즐거워하는 방식으로, 다양한 것을 제공하며 배움을 받게 한다. 그러다 어느 순간 너무 무거운 것들을 일률적으로 배우게 되기에 학업을 포기하는 학생들이 생기게 된다. 학교는 학생들에게 다양한 배움을 제공하여야 한다. 그렇게 배움의 가벼움으로 나아갈 가능성이 성립하면, 학생은 그때야 비로소 배움을 즐길 수 있게 된다. 다양한 배움의 자유는 결국 학생을 넘어, 인간이 즐거운 삶을 살 수 있도록 기회를 만들어 주는 것이며 경험을 심어 주는 것이다.

대학은 교양 과목을 수강하며 자기가 좋아하는 배움을 자유롭게 들을 수 있도록 해 주지만, 그럴 수 있기까지의 대학 입시 과정은 현대인에게는 참고 견뎌야 할 무거운 인내의 기간이다. 현재를 긍정하지 못한 채, 지금의 순간은 그저 미래를 위한 수단으로 취급하는 것이 얼마나 인간의 삶을 비참하게 인도하는가!

다양한 배움의 자유를 모두에게 제공해 주고, 자기가 원하는 것 또는 자기가 좋아하는 배움을 받으며 즐겁고 가벼운 마음을 갖는 것, 이것이 현재의 상황보다는 조금 더 이상적이고, 조금 더 개별 인간을 위한 것이라고 생각한다. 주체적이고 능동적으로 자신의 배움을 선택하고, 자기가 좋아하는 분야에 집중하고 공부하는 것, 그것이 진정한 '자기주도학습' 아닌가? 겉으로는 자기주도학습을 외치며 정작 그 기회는 제공하지 않는 것, 우상이 되어 버린 너무도 무거운 학문을 강제로 배우게 하고 당위성을 부여하며 정작 입시에서 자기주도학습을 했냐고 물어보는 것은 정말 참으로 우습고 모순적인 일이지 않은가?

배움의 계보를 고려하지 않고 관성에만 이끌려 우상 숭배하며 인식론적 의무를 다하지 않으며, 심지어 그것을 당연한 것으로 취급하며 강요하는 것. 그리고 이를 문제 삼으면서도 자원의 효율성을 이야기하며 방향성 잃은 대책을 던지는 것. 그 누가 이것이 문제가 아니라고 말할 수 있겠는가?

07

시험에 대하여

시험이라는 것은 어떠한 기원을 가지며 시험은 어떠한 의미를 가지는가? 살면서 우리는 수많은 시험을 보지만 정작 시험은 무엇을 위한 것인지, 어떤 의미를 가지는지 등에 대해 진지하게 생각해 본 적이 거의 없다. 왜냐하면 당장 그 시험에서 좋은 점수를 받으려 바쁘게 노력했어야 했기 때문이고, 시험이 끝남과 동시에 시험 자체에 대한 생각은 모두 그 모습을 감추어 버리기 때문이다.

시험에 대해서 고민하는 것이 어떠한 가치나 도움을 주는가에 관한 측면에 대해 사실 많은 사람들이 관심이 없다는 것도 또 다른 이유이다. 그러나 현대의 세계 속에서 살고 있는 존재자인 우리는 시험이라는 평가 제도에서 벗어나기 쉽지 않으며, 이 제도에서 시작된 많은 관념들이 우리의 삶을 지배하고 있으며, 그것들이 반드시 우리 인간을 좋은 방향으로 이끌고 있지는 않기에 이에 대한 사유와 회의는 필요하다. 문제가 된다고 보이는 것들에 대해 의문을 제기하고 그것이 그른 것이라 판단되면 거시적인 방향을 수정하거나 세세한 현실의 양태를 수정하는 것이 필요하다는 것이 우리의 상식에 부합한다.

시험은 다수의 사람을 평가할 수 있는 가장 효과적인 방법 중 하나이다. 그러나 시험이라는 제도는 때때로, 아니 현대에서는 거의 대부분 효과적이기보다는 효율적인 모습을 보인다. 효과적이라는 것은 그것의 목표가 수월하게 잘 달성되고 있는 상태를 뜻하는 반면, 효율성은 목적과는 독립적인 개념이다. 우리가 보통 시험이라는 수단의 정당성에 대해 문제 제기되는 쟁점은 대부분 효율과 효과 중 어떤 것이 앞서고 있는 것인지에서 비롯된다. 효과에 대한 정의를 앞서 언급한 것이라면, 우리는 시험의 목적이 무엇인가에 대한 고려를 하여야 한다.

시험의 본래적 취지 및 목적은, 그 시험을 통해 확인하고자 하는 것들의 성취도 및 실력과 능력을 평가하고자 함이다. 여기에는 학문, 학업, 직업, 정치 등 여러 것들이 포함된다. 공동체가 형성된 이상 다수가 모일 수밖에 없으며, 한정된 자리 때문에 다수 중 어떤 이들이 더 유능한지와 더 적합한지 등을 고려할 수밖에 없었다. 이러한 점을 고려한다면, 시험이 효과적이었다는 것은 그 시험을 통해 확인하고 싶었던 개개인의 유능함과 적합성의 정도를 시험이 잘 평가하였다는 것이다. 즉, 목적에 잘 부합하는 적절한 수단으로서 잘 기능했음을 뜻하는 것이다.

그렇다면 시험에서의 효율성은 어떠한 의미를 가지는가? 효율적인 시험이란, 주로 국가에서 주도하는 대규모 시험처럼, 일률적인 평가 기준을 채택하여, 수많은 사람들을 단일한 문제들로 단일하게 평가함으로써 자원을 절감하고자 하는 시험을 뜻한다. 사람들은 보통 효율성에 주목하는 시험도 나름대로의 효과와 의의가 있다고 하기도 한다. 그러한 시험들은 인내심, 끈기 등을 평가하는 것이기도 하며 시험을 준비하는 행위에서 그러한 덕목들을 기를 수 있고, 일률적인 평가 기준에 잘 순응하여 경쟁자들을 짓밟고 올라서려는 지배욕과 정복욕을 가질 수 있는 계기가 되기에 험난한 세상에서 성공하는 습관을 기를 수 있도록 해 준다는 등의 이야기를 한다.

하지만 이것들이 결코 시험의 궁극적이고 본래적인 목적이 아니라는 것은 위에서 본 바와 같이 자명하다. 이것들은 그저 시험을 만드는 이들의 초라함과 무능함을, 그러한 시험에 반항하지 못한 자들의 비겁함을 애써 어떻게든 감추려고 하는 허접한 포장과 부풀림에 불과하다. 위에서 언급했듯, 너무나 당연하게도, 시험은 그 시험의 내용에 대한 개개인의 실력을 그 정도에 따라 줄 세우는 것이 본래적 목적이다. 이때 실력이란, 해당 내용에 대한 이해도 또는 응용력과 같은 것들이라고 할 수 있을 것이다.

예를 들어, 미적분에 대한 시험을 치른다 하면, 그 시험의 목적은 응시자들의 미적분의 개념에 대한 이해도와 문제에 적용할 수 있는 응용력의 능력 차이를 확인해 보고자 하는 것이다. 따라서 만약 미적분 시험이 효과적인 시험이라면, 응시자들의 미적분 시험의 점수는 그들 각각의 능력에 따라 순서대로 대응되어야 한다. 이러한 구도여야지만 이 시험은 수단으로서의 적합성과 정당성을 가진다.

그렇지만 현실은 어떠한가? 대한민국의 가장 큰 시험이라고 할 수 있는 대학수학능력시험(이하 수능)을 생각해 보자. 필자는 N수생으로, 보통의 수험생보다 훨씬 많은 시간을 수능 공부에 쏟아부었고, 수능 과목들과 수능 자체에 대한 생각도 보통의 수험생들의 경우보다 더 많이 했다고 생각한다. 필자가 여러 번의 수능을 치르면서 느낀 것은, 또는 깨달은 것은, 수능은 결코 앞서 말한 효과적인 시험이 아니라는 점이며 본래의 목적을 망각한 효율적인 시험이라는 점이다. 수능을 잘 보기 위해서는, 개념에 대한 정확하고 깊은 이해를 넘어 수능 문제 유형 자체에 얼마나 젖어 들어 있으며, 그저 문제를 내기 위한 문제를, 얼마나 더 빠른 시간 안에 잘 푸는지가 더 중요하다.

사실 각 과목들에 대한 실력이 만점을 충분히 맞을 정도인 학생은 정말 많지만, 그러한 학생들이 결코 모두 실제 수능에서 만점을 받지 못한다. 오히려 개념에 대한 이해도가 떨어지며 깊은 생각을 하지 않는 수동적이고 순응적인 학생들이 그들보다 높은 점수를 받기도 한다. 해를 거듭하며 기출 문제가 다량으로 쌓이자, 개념에 대한 심화된 이해를 묻는 문제는 더 이상 발전되거나 연구되지 않고, '변별력'이라는 이름하에 문제를 꼬고 꼬아 어떻게든 학생들을 틀리게 하려는 문제들이 다수 만들어졌다.

그러나 이보다 더 심각한 것은, 변별이 잘 될 수 있는 문제를 낼 능력이 부족한 자들이 시간이라는 요소를 집어넣어, 학생이 과목에 대해 갖고 있는 순수한 능력이 있더라도 틀리도록 만들어 실력 싸움이 아니라 정신력과 멘탈 싸움으로 시험이 변질되어 버렸다는 것이다.

혼히 '킬러' 문제라고 하는 것들은 퍼즐 형식으로 끼워 맞추는 구조이거나, 여러 경우의 수 중 맞는 것을 빠른 시간 내에 찾아 풀어내야 하는 구조이다. 사실상 그러한 문제들은 교과 내용을 소재로 한 논리 추론 문제일 뿐, 그러한 문제들을 잘 맞힌다고 해서 해당 과목에 대한 높은 이해도를 가진다는 것이 연역적으로 도출되지 않는다.

더욱 문제인 것은 전건과 후건을 바꾸더라도 연역적 추론의 참이 성립하지 않는다는 점이다. 결국 종합적으로 평가하자면, 수능이라는 시험은 해당 과목에 대한 뛰어난 실력을 가진 이들이 순서대로 높은 점수를 받게 되는 효과적인 시험이 아니게 되었으며, 이와는 관련이 없는 시험 자체에 대한 실력이 더욱 중요해지게 되어, 과목 자체에 대한 실력은 부족하더라도 문제를 잘 맞히는 실력이 있으면 높은 점수를 받게 되는 구조가 형성되었다. 자신의 출생 목적을 망각한 채 이를 고려 대상에서 배제하여 줄 세우기라는 결과만을 추구하는 것이 바람직하지 않다는 것에 동의하지 않기란 어려운 것이라고 보인다.

시험을 어렵게 만드는 방법은 두 가지이다. 하나는 문제의 난이도 자체를 높이는 것이고, 다른 하나는 문제의 난이도는 높이지 않으면서 제한 시간을 줄이는 것이다. 전자에 대해 우리는 그것이 어려운 문제라고 하며 후자에 대해서는 문제 자체에 대해 이야기하지 않는다.

이제 둘 중 어떤 것이 시험의 목적에 잘 부합하는 적절한 수단인지를 고려해 보자. 사실 지금까지 이야기한 것을 토대로 생각한다면 판단은 매우 간단하다. 문제의 난이도를 높일수록, 해당 내용에 대한 실력이 높은 사람만이 그 문제를 맞힐 것이며, 문제의 난이도가 낮아질

수록 문제를 맞히는 사람의 비율은 점점 증가할 것이다. 그렇기에 문제를 통해 시험의 본래 목적인 실력에 따른 줄 세우기를 하기 위해서는 이 방법을 이용하는 것이 적절하다.

그러나 문제의 난이도를 유지한 채 시험 시간을 줄이는 방법은 어떠한가? 이 방법에서는 앞선 방법에서 적용되는 음의 상관관계가 적용되지 않는다. 실력이 있는 자라도 시간이 없어 풀지 못할 수 있다는 것이다. 위의 수능의 사례에서 이 경우가 적용되는 것이라고 볼 수 있다. 그렇다면 왜 시험의 출제자들은 시간의 요소로 시험을 어렵게 만드는 것일까? 그것은 문제의 난이도를 상승시킴으로써 변별력을 높일 수 있는 실력이 없기 때문이다. 혹은 실력이 있더라도 무언가 다른 요소*로 인해 어려운 문제를 출제하지 못하기 때문이다.

이제 이러한 문제 제기에 대해 어떠한 반론을 할지는 사실 뻔하다. 그러한 방식으로 제도를 만드는 것이 최선의 어쩔 수 없는 방식이라는 것. 대규모의 인원을 그러한 방식으로 평가하지 않는 것은 비효율적이라는 것. 그러나 그 모든 것에 앞서 있는 것은 시험 제도가 목적을 달성하고 있는지에 대한 여부이다. 현실적으로 시험이 어떠한 구조를 가져야 하는가는 효과성, 효율성의 균형점일 것이다. 효과적이지만

---

* 어려운 문제일수록 사교육의 영향이 크기 때문이라는 등의 것들이 있다. 그러나 엄밀히 분석해 보자면 그러한 상관관계가 유효한지에 대한 의문은 해소되지 않았으며, 사교육과 공정함의 가치를 결부시키는 것 또한 주의가 필요하다. 그러나 지금의 사회는 섣부른 판단이 잦다. 애초에 사교육의 영향을 받지 않으면서 어려운 문제를 만드는 것이 불가능하다고 판단할 수 있는가?

효율적이지 않은 시험 제도는 현실에 적용되기 어려우며, 효과적이지 않지만 효율적인 시험은 목적지 없이 방황하는 우주 부유물과 같다.

지금의 제도가 균형점에 있는지에 대한 판단은 사실상 이루어지지 않고 있는데, 왜냐하면 본래적 목적에 대한 근본적인 물음을 던지는 이들을 찾기란 어려운 일이기 때문이다. 혹은 그런 이들이 결과밖에 보지 못하는 권위 있는 자들에게 억압받고 있기 때문이다. 그들은 효율성과 실현 가능성이라는, 스스로 잘 알지도 못하는 개념을 무기로 하여 폭력을 행사한다.

방황과 주저앉음을 향한 관성의 강화에서 탈출하기 위한 방법은 그 힘을 이겨 내면서 방향성을 설정하는 것이다. 어쩔 수 없다는 것은 현실적 한계를 나타내는 말이지만, 이로 인해 더 이상 나아지지 못할 것이며 나아지는 것에 대한 고려가 무의미하다는 것이 정당화되는 것은 아니다. 이 땅에 차선의 현실성만을 강조하는 자들밖에 없었다면, 장담컨대 인류는 현재의 아름다운 문명을 이루지 못했을 것이다.

현대 사회에 만연한 이 '시험'이라는 제도는, 모두 그런 것은 아니지만, 사실상 그것의 본래적 목적을 잃어 가고 있다. 그 대신 줄 세우기를 위한 효율적인 수단으로서의 가치만이 강화되고 있다. 그로 인해 실력이 있음에도 제대로 된 평가를 받지 못하는 제도의 희생양들이 늘어나고 있으며, 그 기조는 점차 굳건해지고 있다. 따라서 우리는 시험 제도에 대해, 시험 제도 자체와 그것의 양태들의 현재 상황에 대해 회의적이고 비판적으로 분석해 보며 재고할 필요가 있으며, 그것들이 어떻게 현대인에게 영향을 주고 있는지에 대해 고민할 필요가 있다.

지금보다 더 나아질 수 있는 것인지, 지금보다 더 좋아질 수 있는 것인지, 지금이 정말 최선인건지, 지금이 차악은 아닌건지…. 많은 의문이 던져질 수 있다. 그러나 우리는 시험에 대해서 생각해 볼 뿐만 아니라 근본적으로 시험의 주목적인 평가에 대해서도 고민해 보아야 한다.

08

평가에 대하여

인간 다수를 실력과 능력에 따라 줄 세우는 것. 시험의 목적은 이것에 있다. 우리는 앞에서 이를 전제로 하여 시험이 적합한 수단이 되기 위한 조건들에 대해 논의하였다. 하지만 사실 그 이전에 앞서 우리가 고려해 보아야 할 것은, 시험의 목적 그 자체가 정당한 것인지에 대한 여부이다. 사물 이상의 가치를 지니는 인간을, 공장의 생산품처럼 적합/부적합 판정을 내리고, 소고기/돼지고기처럼 등급을 매기는 것이 과연 정당한 것인가? 한 인간에 대한 다른 인간의 평가는 인간 개개인의 실존에 대한 억압을 함축하지 않는가?

우리는 현존하는 삶 내내, 더 나아가 육체의 죽음 이후에도 끊임없이 외부로부터 평가를 받는 시대에 직면해 있다. 인류 역사상 그 어느 때보다 수많은 사람들이 시험을 치르고 있으며, 각종 다양한 형태의 외부적 평가 기준으로 인간은 평가를 당하고 있다. 사회 공동체가 '발전'하며 그 규모가 점점 커지자, 몇몇 한정된 수요에 대한 집중 현상이 발생하였고, 그에 대한 대응책의 마련을 위해 (혹은 마련함과 함께) 평가라는 관념은 효율적이고 합리적인 것으로 여겨지며 정당화되었다. 여기에서 더 나아가 평가의 정당성은 당연한 것으로 여겨지는 수준까지 도달하였다.

그러나 이처럼 사회 전체의 관점에서 얻은 합리적 정당성이 개별 인간에게도 합리적으로 정당화될 수 있는지는 의문이다. 정당화 자체의 문제를 떠나, 위와 같은 섣부른 정당성 판단으로 인해 사회의 평가가 각 개인들에게 어떠한 영향을 주는지도 의문이다. 만약 사회 공동체의 최상위 목적이 개별 인간으로 하여금 '잘' 살 수 있도록 하는 것이라면, 우리는 너무나도 당연히 이러한 의문들을 고려해야만 하며 이를 해소하기 위해 노력하여야 한다.

우선 만인에 대한 만인의 평가가 개별 인간의 관점에서 정당화 가능한지의 여부에 대해 생각해 보자. 사회 공동체 관점의 평가 관념 정당화는 크게 두 가지의 이유와 함께 합리적으로 정당화되었다고 볼 수 있다.

첫 번째는 기능성에 있다. 어떠한 필요한 일에 있어서 그 일이 가장 잘 일어나기 위해서는 그 일에 필요한 기능이 가장 잘 발휘되는 것이 필요하다. 이는 어떤 것의 좋음은 그것이 가진 기능이 탁월하게 발휘되는 상태라는 아리스토텔레스의 주장과 유사해 보인다. 그러나 아리스토텔레스와는 달리, 어떤 일이 잘 일어나는 것과 그것의 좋음을 연결시키는 것에는 논리적 간극이 있다. 왜냐하면 좋음의 개념은 상대적이며 주관적이고, 아직 제대로 규명되지 않은, 혹은 규명이 불가능하며 직관에 호소하여 이해하는 것도 쉽지 않기 때문이다. 이에 반해 어떤 일이 가능한 한 잘 발생하기 위해서는 그 일을 가능하게 하는 기능이 잘 발휘되어야 한다는 주장은 상대적으로 받아들이기 쉬워 보인다.

사회 공동체는 그 집단의 존속을 위해 규율과 체계를 필요로 한다. 그리고 존속을 넘어 번영을 위해서는 유능한 인적 자원이 필요하다. (여기에서의 '사회 공동체'는 국가와 같은 정치적 형태만을 의미하는 것이 아닌 학자 집단과 같은 형태도 포괄하는 유(類)이다.)

공동체의 존속을 위해 인간은 사회의 규율과 체계의 유지가 가능하게 하는, 혹은 가능하게 해야만 하는 구성'물'이 되었는데, 이는 컴퓨터의 메인보드 내의 CPU, 그래픽카드, RAM 등의 주요 구성과 보드 전체를 지탱하고 유지하는 기판, 회로, 슬롯 등의 것들에 해당한다. 이 존속의 차원에서의 구성원 평가는 적합 여부에 대한 이원론적 기준으로 이루어진다. 그렇기에 모든 구성원은 적합/부적합의 배타적인 두 집단에 반드시 속하게 되며, 부적합 평가를 당한 자들은 위법한 자, 무능한 자, 처벌 대상 등의 이름이 붙여지게 되어 구성원의 지위마저 상실되는 위기에 처한다.

적합한지 부적합한지에 대한 기준은 공동체 존속에 기여하는지에 대한 여부에 의해 형성되는데, 공동체마다 존속의 구체적 방식이 다르기에 적합한 자와 부적합한 자의 구분은 상대적일 수밖에 없다. 적합과 부적합의 기준을 설정하고 평가를 진행하는 자들은 공동체에서 적합 판정을 받은 자들인데, 이들은 절대적인 권력을 통해 구성원들을 평가하며 관리한다. 이들은 때때로 자신들이 가진 절대적인 권력이 도그마임을 인지하지 못하고 당연하고 합리적인 것으로 착각한다. 그리고 그 폭력적 권력의 수단으로 도덕과 법 등의 당위가 사용된다.

존속의 토대가 마련된 후 공동체의 번영과 발전을 위해 단순히 구성원들의 적합성을 넘어서 개별적 능력의 차이가 평가의 기준으로 마련되었다. 이 번영의 차원에서 구성원들은 메인보드의 구성품임과 동시에 각각의 구성품들의 성능 차이로 인해 서로 간에 구분된다. 그래픽카드의 성능을 고려해 소비자들이 구매 여부를 결정하듯, 개별 인간의 능력에 따라 공동체는 인간을 평가하며 더 뛰어난 자를 선택한다.

물론 번영의 차원의 평가를 받기 위해서는 존속 차원에서 적합하다는 평가를 받아야 하는 것이 필요 조건이기에, 공동체는 크게 적합과 부적합의 두 집단으로 구분되지만, 번영의 차원에서는 이에 더해 적합 집단 내의 구성원들이 어떠한 기능을 수행하는지에 따라서 구분되며 그 구분 내에서는 개별적 평가가 이루어진다.

평가 주체는 이미 적합한 자이며 높은 능력을 가진 자라는 점에서 존속의 차원과 번영의 차원은 유사하지만, 후자에서는 피평가자의 자율성이 더 보장된다. 전자에서의 적합성은 타고난 기질에 좌우되는 영향이 크고 부적합에서 적합으로의 변화가 어려운 반면, 후자에서의 능력은 타고난 기질 차이를 극복할 수 있는 변화의 여지가 상대적으로 높기 때문이다.

비유하자면, 수학적 사고를 하는 것이 불가능에 가까운 자가 수학적 사고를 하는 것은 매우 어려운 일이지만, 수학적 사고가 가능한 자가 자신의 수학적 사고 능력을 발전시키는 것은 상대적으로 쉬운 것과 같다. 하지만 어찌 되었건 인간에 대한 인간의 평가라는 점에서 존속의 차원과 번영의 차원은 동일하다. 공동체는 발전을 위해 단순히 사회의 제반 구조 형성을 넘어 조금 더 나은 것, 더 좋은 것을 추구하였고, 이를 위해 유능한 인적 자원을 개별 능력에 따라 차등을 두어 평가하게 되었고, 이에 따라 타인보다 뛰어난 능력을 가진 자들이 선택되게 되었다.

이렇듯 사회 공동체는 기능성이라는 명목으로, 그리고 기능성을 이유로 들어 모든 구성원들은 평가하였고, 이에 따라 적합한 자와 부적합한 자, 능력이 높은 자와 능력이 낮은 자의 구별이 형성되었다. 이 구별은 사회의 기능이 효과적으로 발휘되기 위한 필요 조건처럼 여겨지게 되었기에, 그 구별을 낳는 평가의 정당화 가능성이 열린 것이다.

사회 공동체 관점의 평가 관념 정당화가 지지되는 두 번째 이유는 효율성에 있다. 기능성은 그 자체만으로 평가 관념을 정당화할 수 있지만, 효율성은 그렇지 않다. 왜냐하면 효율성은 외부와 독립해 작용하는 것이 개념적으로 불가능하기 때문이다. 하지만 그럼에도 기능성과 효율성은 모두 정당화에 대한 필요 조건이다.

사회 공동체의 운영은 효과적인 운영이어야 할 뿐만 아니라 효율적인 운영이어야 한다. 진부한 설명을 다시 한번 하자면, 자원은 한정적이기에 이를 활용함에 있어서 과도한 지출과 비용 및 손해는 지양해야 한다. 이때의 자원은 시간, 공간, 인적 자원 등의 모든 것을 포함하는 개념이다. (사실 현존하는 모든 것은 어떠한 의미에서는 자원이라고 볼 수 있다.)

공동체를 운영하기 위해 유능한 인재를 등용하고자 하지만 효율성이 고려되지 않고 기능성만이 고려되는 상황을 생각해 보자.

만약 상급 공직자 시험이 각각 그들이 원하는 능력을 보유한 사람을 고르고자 한다면, 효율성이 부족한 평가 제도는 모든 수험자에 대한 장시간 면접이나, 수험자를 모두 선택한 후 결과를 통해 판단하는 등과 같은 모습일 것이다. 사실 이러한 방법이라면 적합한 사람을 뽑고자 하는 기능성은 매우 잘 달성될 것이다.

그러나 이와 같은 방식은 문제점을 가진다. 물론 위와 같은 방식들 중 몇몇은 추구하는 능력 혹은 역량은 제대로 파악하는 데에 매우 잘 기여할 것이다. 평가 제도를 통해 달성하고자 하는 목적은 뛰어난 능력을 가진 사람을 뽑는 것이지, 시험을 잘 보는 사람을 뽑는 것 자체가 아니기 때문이다. 그러나 수험자의 인원이 많을수록 장시간 면접은 실현 가능성이 떨어지게 되어 결국에는 평가 자체가 힘들어지는 상황에 처하게 될 수 있으며, 수험자를 우선 모두 뽑은 후 추후에 적합한 사람을 뽑는 것은, 수험자의 규모가 클 시에는 수용 가능성의 문제가 발생하는 등의 문제가 발생한다.

이러한 점들, 그리고 이러한 점들의 결과는 결국 자원의 손실을 낳는다. 그렇기에 효율성은 평가가 가능해지기 위해 고려될 수밖에 없는 것이 되는데, 사회 공동체는 기능성을 일정 부분 포기하면서 효율성을 고려해 특정한 균형점을 설정한다.

효율성과 기능성이 함께 고려되는 평가는 일률적인 기준을 사용하는 등의 방식을 통해 기능성 영역의 손해와 효율성의 증대가 적절한 최적 균형점에서 평가를 진행하게 된다. 이렇듯 효율성은 기능성과 함께 사회 공동체 관점의 평가 관념을 정당화하는 요소로 작용하게 된다. 그러나 앞서 말했듯, 기능성 추구에 있어서 효율성의 추구가 그다지 중요하지 않은 경우도 있기에 정당화의 비조건적 조건은 기능성일 것이다.

하지만 위와 같은 합리적 정당화가 가능한 것이어도, 개별 인간의 관점에서 공동체의 평가는 정당화되지 않을 가능성이 있다. 우선 기능성과 효율성이라는 요소는 공동체 자체만의 기준일 뿐, 구성원 각각에 대한 기준이 아니다. 공동체의 관점에서 옳은 것이 항상 집단 구성원 모두에게 옳은 것은 아닌데, 두 가지 이유로 이 명제는 지지된다.

우선 이 명제는 논리적으로 지지된다. 비형식적 논리 오류 중 하나는, 집합의 속성을 그 집합에 속한 원소의 속성과 동일하다고 추론하는 것인데, 이는 물의 특징을 수소와 산소의 특징과 동일하게 여기는 것, 또는 수소 원자의 특징과 수소 분자(혹은 중수소)의 특징을 동일하게 여기는 것과 같다. 대한민국에 민주주의가 정당한 이유와 필자에게 민주주의가 정당한 이유가 다른 것도 마찬가지이다.

두 번째 지지 근거는 인간 공동체의 특징에 있다. 앞서 말한 논리적 이유는 오류의 가능성이 있다는 것일 뿐, 모든 개별 상황에 대한 필연적 거짓을 의미하는 것은 아닌데, 인간 공동체는 다른 공동체보다 상대적으로 거짓인 경우가 많다. 왜냐하면 우리는 모두 인간이기에, 인간에 대한 양태적 속성 이외에 다른 것들이 많이 가정되고 고려되기 때문이다. 쉽게 말하자면 우리는 우리 스스로에 대해 다른 것들보다 더 많은 의미 부여를 한다는 것이다. 그렇기에 인간 개인에게는 인간이라는 생물학적 속성 외에 수많은 다른 특성이 부여되어 있으며, 인간 공동체에는 인간종의 이합집산 외에 수많은 다른 특성이 부여되어 있다. 앞서 말했듯, 기능성과 효율성은 후자에 대한 속성일 뿐, 전자에 대한 속성이 아니다.

그렇다면 이제 기능성과 효율성이라는 요소가 아닌 다른 요소로 인해 평가 관념이 개별 인간에 대해 정당화될 가능성이 있는지에 대해 살펴보아야 한다. 하지만 우리는 사실 위에서 언급하는 개별 인간이 사실은 실제로 각각의 서로 다른 인간 모두를 의미하는 것이 아니라 인간 일반이라는 또 하나의 집단을 의미하는 것임을 알아차려야 한다. 그렇기에 인간 공동체는 사회라는 관념을 포함하는 집단이고, 인간 일반은 사회라는 관념이 포함된 것은 아닌, 우리가 '인간'이라고 부르는 추상적 집단 그 자체임을 인지하여야 한다. 물론 둘 모두 집단인 것은 맞지만, 그렇다고 해서 두 집단에 대해 서로 같은 정당화 기준이 적용되는 것은 아니다.

개별 인간을 고려함에 있어서 가장 중요한 요소에 대해 서로 다른 사람들은 서로 다른 기준을 채택하겠지만, 필자가 취하는 도그마적 기준은 실존성이다. ('실존성'이라는 개념은 실존주의의 그것이며, 실존주의 안에서 실존성의 개념은 다양하지만, 그것들의 표상은 어느 정도의 동질성을 가진다.) 인간의 실존성은 불가침의 영역으로, 어떠한 경우에도 훼손되어서는 안 되는, 훼손을 지양해야 하는 인간의 특성이다.

자기 삶을 주체적이고 능동적으로 사는 것, 자신의 삶을 사는 것, 타인이 아닌 자신의 평가로 자신의 삶이 온전해지는 것. 피투와 기투의 끊임없는 역동성*이 드러나고 그것이 본래적 실존**으로 이어지는 것. 이것들이 바로 실존함에 대한 기본적인 요소이다. 실존성의 측면에서 타인의 평가는, 그것이 나의 실존성을 훼손하는 것이라면, 지양되어야 한다.

본 글에서 문제시하고 있는 '평가'는 어떠한 목적을 이루기 위해 뛰

---

* 피투성(彼投性, Geworfenheit)과 기투성(企投性, Entwurf)은 마르틴 하이데거가 도입하고 정립한 개념으로, 실존하는 존재인 인간이 가지는 고유한 특성이다. 피투성과 기투성의 개념에 대한 명료하고 명확한 이해를 갖는 것은 매우 어렵지만, 간단히 말하자면 피투성은 인간이 세상에 던져짐 당함으로써 갖는 특성을 지칭하며, 기투성은 그 속에서 어떤 선택을 통해 우리 자신을 던질 수 있는 특성을 의미한다. 현재의 기투는 미래의 피투가 되기에 인간의 삶은 끊임없는 피투와 기투의 역동적인 상호작용이다. 피투성과 기투성에 대한 이해를 돕기 위해 예시를 들어보자. 각자가 타고나는 재능은 각각에게 피투된 것이지만, 그렇다면 그것에 대해 어떻게 할지 의지적으로 선택하는 것은 각자의 기투이다. 죽음에 대해서도 마찬가지이다. 인간에게는 모두 죽음이란 것이 피투되었다. 하지만 이에 대응해 삶을 어떠한 것으로 채울지는 전부 각자의 기투에 달려 있다. 하이데거와 사르트르의 철학을 공부한다면 피투성과 기투성에 대한 조금 더 깊은 의미에 다다를 수 있다.

** 본래적 실존이란, 인간이 기투를 함에 있어서 그 기투의 방향성이 자기 자신을 향하는 것, 즉 세상을 사는 존재자 n분의 1이 되는 것이 아니라 그저 1인 것이 되도록 하는 것이다. 우리는 모두 고유한 자기로 살아갈 수 있는 가능성을 갖는 존재이며 본래적 기투를 통해 우리는 그 가능성을 실현할 수 있다.

어난 인간을 선택하는 것일 뿐, 이곳 어디에서도 각각의 인간들의 고유한 가치는 고려되지 않는다. 실존성의 관점에서 평가가 정당화되기 위해서는, 그것 안에 각 개인의 실존성을 존중하며, 그것을 장려하고 보존하며 더 나아가 강화시킬 수 있는 요소가 있어야 할 것이다.

임마누엘 칸트의 입장에서도 인간에 대한 인간의 평가는 정당화되지 않을 가능성이 있다. 칸트의 인간성 정식은, 인간은 이성적 존재자로서 목적 그 자체로 실존(실존주의의 '실존'과는 구별되는 개념이다)하며, 절대적인 가치를 갖는 정언 명령이 가능해지는 조건으로서 무조건적 가치를 갖기에, 모든 사람으로 하여금 자신과 다른 사람들을 수단이 아닌 목적으로서 대할 것을 요구한다.

다시 말해, 인간은 행위 준칙을 설정하며 선의지와 도덕적 행위 능력을 가지는 이성적 존재자이기 때문에 무한한 비수단적 가치를 지니는 존재이다. 그렇기에 평가의 목적이 본 글과 같이 유능한 사람을 뽑아 공동체의 기능이 원활히 작동되게 하기 위함이라면, 이는 인간을 목적이 아닌 수단으로 대하는 것이기에, 평가 제도는 도덕적으로 정당화되지 않는다.

이렇듯 평가 관념은 사회 공동체의 관점에서는 무리 없이 합리적으로 정당화되지만, 개별 인간 혹은 인간 일반에 대해서는 그렇지 않음을 알 수 있다. 그동안 평가 관념은 사회적으로만 정당화된 채, 개개인에게는 정당화되지 않았을뿐더러 부정적인 영향을 끼쳤다.

이 간극은 별다른 숙고를 통해 깨달을 수 있는 것이 아니며, 현대의 평가 제도를 한 번이라도 경험해 본 이들은 그것의 비합리적인 측면을 관찰하였을 것이다. 능력이 있음에도 효율성이라는 측면으로 인해 선택받지 못해 괴로워하는 제도의 희생양들. 수많은 외부의 평가로 인해 실존성이 훼손되어 자신을 초라한 존재로 인식하게 되어 버린 이들. 평가 제도를 무탈하게 통과하여 선택되었지만 말년에는 그러한 수동적 평가의 관성으로 인해 자신의 실존에 대해 고뇌하는 이들. 이들 모두는 평가에 대한 섣부른 정당화로 인해, 현실적 양태만을 바라보며 숨어 있는 것은 보지 못한 판단으로 인한 폭력의 피해자들이다.

이러한 실정을 바로잡기 위해서는 좋은 혹은 올바른 정당화에 대한 숙고, 이에 수반되는 적합한 수단에 대한 고려가 이루어져야만 할 것이다. 사회는 어떠한 경우에도 인간의 실존보다 우선시될 수 없으며, 불가피함과 어쩔 수 없음은 이에 대한 변명이 될 수 없다.

09

관계에 대하여

사물은 단독으로 독립되고 고립된 개체로서 존재하지 않으며, 모든 경우에서 다른 사물들과 필연적으로 관계를 맺으며 존재한다. 인간도 마찬가지이다. 우리는 태어나는 순간부터 한 부모의 자식이라는 관계라는 속성을 가진 채 세상 속에서의 존재를 시작한다. 죽음을 맞이하는 순간까지 우리는 기존에 맺은 관계를 지속하는 한편 잃기도 하며, 새로운 관계를 형성하기도 하는데, 이 모습은 마치 끊임없는 가치의 교환이 일어나는 경제 상황과도 같다. 이렇듯 현존하는 내내 인간을 비롯한 모든 사물들은 언제나 관계성이라는 특성을 가지며, 때때로 우리는 육체적 죽음 이후에도 다른 것들과 관계를 맺기도 한다.

우리는 이와 같은 관계성을 수동성과 능동성, 필연성과 우연성을 기준으로 분류를 시도할 수 있다. 수동적인 필연적 관계성이란 시간과 사물의 관계와 같은 것들을 지칭한다. 이러한 관계성은 어떤 것의 의지로 인해 형성된 것이 아니며 어떠한 경우이더라도 형성되며, 단절이 매우 어렵거나 불가능하다.

수동적인 우연적 관계성이란 친부모와 자식의 생물학적 관계, 한 사람과 그의 출생지와의 관계(부모의 능동성이 개입할 여지는 있다), 인류 출현과 지구와의 관계와 같은 것들을 지칭한다. 위와 마찬가지로 이러한 종류의 관계성은 어떤 것의 의지로 인해 형성된 것이 아니지만, 반드시 어떠한 경우이더라도 형성되는 관계는 아니다. 모든 사물은 시간이라는 것과 관계를 맺으며 존재하는 것이 필연적이지만, 생명체가 지구에서 출현한 것은 필연적이지 않기 때문이다. 물론 수동적인 것과 의지에 관해, 자연적인 것들 또한 수동적인 것이 아닌 어떠한 신적이거나 거대한 법칙적 의지의 능동적 작용이라고 반론할 수 있겠으나, 이것에 관한 논의는 본 글에서 다루지 않기로 한다.

능동적인 필연적 관계성에 대해서는 이것이 가능한 것인가에 대한 논의가 우선시되어야 한다. 능동적인 관계란 어떤 것의 의지로 인해 형성된 관계를 의미하는데, 개념상 이것이 필연성과 연결될 수 있는지는 확실하지 않다. 이러한 관계성이 가능해지기 위해서는 어떠한 의지의 발현이 필연적이어야 하며, 그 의지의 발현이 특수한 관계를 형성하는 것이어야 하는데, 의지가 자율적으로 발현되거나 반드시 발현되는 것이 아니며, 필연적인 의지 발현이 있다 하더라도 그것이 어떠한 관계를 형성하고 유지하는 것에 기여하지 않는다면, 우리는 능동적인 필연적 관계성이 있음을 인정하기 어렵다.

이러한 의미에서 능동적인 우연적 관계성이 존재함은 쉽게 이해된다. 우리의 능동적 행위에 따라 우리는 어떠한 것을 할 수도, 하지 않을 수도 있으므로 관계를 형성할지, 관계를 유지할지에 대한 것을 우리는 자율적으로 선택할 수 있다. 관계라는 것은 개념적으로 그것의 당사자가 하나일 수 없기에 어떠한 관계 형성에 있어 한쪽은 능동적이지만 다른 한쪽은 수동적일 수 있는데, 어느 하나의 능동성만이 존재하더라도 우리는 이것을 능동적인 관계성이라고 부르기로 한다.

실제 우리의 현실에서 어떠한 종류의 관계가 가장 많은지에 대한 계산을 하는 것은 불가능하다. 왜냐하면 앞서 말한 것처럼 우리는 세상의 모든 것들과 관계를 맺고 있기 때문에 그것을 하나하나 나열하여 분석하는 것은 불가능에 가깝기 때문이다. 그러나 사실 우리가 관심을 가지며 논의가 필요하다고 여기는 것은 대부분 능동적인 우연적 관계성이다.

왜냐하면 수동적인 관계성은 우리에게 이미 주어진 것으로 현전함과 동시에, 대부분 비가역적이기 때문이다. 우리의 자율성과 능동성을 통해 무언가를 시작하거나 기존의 것을 변화시킬 수 있는 관계성은, 개념적으로 당연히 능동적인 관계성일 것일 텐데, 만일 우리가 수동적 관계성을 변화시켰다면, 그것은 더 이상 수동적인 것이 아닌 능동적인 것의 영역에 속하게 될 것이다. 우리가 살아감에 있어서 문제가 되거나 일반적으로 드러나는 것의 대부분은 능동적인 우연적 관계성이며, 이외의 것들은 우리의 안중에 없는 것들이거나 우리의 능력 바깥에 있는 것들이다.

그렇다면 우리는 이러한 능동적인 우연적 관계를 어떻게 바람직하게 형성할 수 있으며, 우리에게 이로운 방향으로 유지할 수 있는가? 과거에 비해 우리는 수많은 사람들과 소통하게 되었으며 다양하고 많은 인간관계들을 갖게 되었는데, 그것의 방대함으로 인해 시간이 흐를수록 우리는 점점 그것들에 대한 주체성을 잃게 되기도 한다.

예를 들어, A와 친구가 되고 싶은 B가 자신의 능동성을 발휘해 먼저 A에게 말을 걸어 두 사람은 친한 친구가 되었는데, 시간이 흐르고 서로의 일이 바빠지며, 다른 인간관계들이 형성됨에 따라 A와 B의 관계는 소원해지게 되었다. 그럼에도 B는 명제 '우리는 친구다'를 당위적인 명제처럼 인식하며, 처음의 마음과 같이 친해지고 싶었던 마음이 사라졌음에도, 그 형식적 관계를 유지하기 위해 애를 쓴다. 그러나 이러한 문제는 인간관계와 관련된 수많은 문제들 중 하나에 불과하며, 그것들을 일일이 열거하는 것은 고된 일이다.

그러나 필자는 그러한 다양한 문제들 중 가장 중요한 것, 우리의 실존성과 가장 유관한 것, 우리의 자존감과 직접적으로 관련되며, 여러 문제들의 근원적 원인이 되는 것에 대해 이야기하고자 한다.

인간관계의 또 다른 가능한 분류 기준 중 하나는, 그것이 종속적인지 대등적인지이다. 종속적인 관계는 수직적이거나 의존적인 관계를 뜻하며, 대등적인 관계는 수평적 관계를 뜻한다. 결론을 먼저 이야기하자면, 필자는 인간관계에 있어서 종속적인 것을 지양하고, 대등적인 것을 지향하는 것이 바람직하다고 생각한다. 왜냐하면 후자의 경우에서만이 인간은 타인과 구분되어 인식되고 실존하는 주체적이고 능동적인 자신이 되기 때문이다. 이것이 왜 바람직한 것인가에 대해서는 합리적 설명을 통한 설득을 할 자신이 없는데, 필자는 인간이라면 누구나 본연의 자기로서 실존하고자 하는 욕구를 가진다고 믿음을 가질 뿐이다.

위에서 필자가 대등적 관계임을 지향해야 한다 언급하는 관계성은 능동적인 우연적 관계성의 영역에 속한다. 자연적이고 수동적이며 종속적인 것에 대해 우리가 할 수 있는 것은 없기 때문이다. 자식은 부모의 부모가 될 수 없으며, 부모는 자식의 자식이 될 수 없다. 그러나 친부모와 자식은 생물학적 관계를 넘어, 관습적이고 사회적이고 도덕적인 것에 영향을 받는 관계도 가지는데, 전자는 수동적인 우연적 관계성인 것에 반해, 후자는 능동적인 우연적 관계성이다.

왜냐하면 아무리 사회 도덕이 수동적으로 주어지는 것이라 하더라도, 결국 그것을 수용하거나 내면화하여 자식에게 적용하는 것은 부모의 능동성에 따른 결과이기 때문이다. 따라서 우리는 똑같은 대상이 한 종류 이상의, 또는 하나 이상의 관계를 가질 수 있음을 간과하지 말아야 한다.

종속적인 관계와 대등적인 관계에 대한 이해를 강화하기 위해 우리 우주의 모습을 떠올려 보자. 지구와 달의 관계, 태양과 지구의 관계는 종속적이며, 지구와 목성의 관계, 수성과 토성의 관계는 대등적이다. (물론 '종속'이란 말을 문자 그대로, 혹은 다른 맥락에서 파악한다면 행성 간의 관계가 종속적이지 않다는 것에 동의하지 않는 사람들이 있겠지만, 본 글에서 '종속'이라는 개념은 위에서 언급한 것과 같이 다른 의미를 가진다.)

이것이 무슨 뜻인가? 지구와 달의 관계, 그리고 태양과 지구는 비록 서로가 서로에게 필요하지만, 실은 하나가 다른 하나에 의존하고 있는 관계(달은 지구에, 지구는 태양에)로 보인다. 왜냐하면 우리는 달을 지구의 위성, 지구를 태양계의 행성이라고 주 정의로 내세우는데, 이러한 관념의 근저에는 둘을 파생과 의존의 관계로 여기는 생각이 놓여 있기 때문이다. 즉 달은 지구가 있기에 존재 의미를 가지는 것이며 지구는 태양이 있기에 존재 의미를 가진다는 관념, 혹은 지구가 달에게 의존하여 존재하는 의미보다 달이 지구에게 의존하여 존재하는 의미가 월등히 크며 마찬가지로 지구와 태양의 관계도 동일한 것이라는 관념이 우리를 은밀히 지배하고 있는 것이다.

반면, 행성들 간에 관계는 그렇지 않다. 우리는 한 행성의 존재 의미를 다른 행성에서 찾지 않으며, 오히려 이들 간에 관계에서 그들은 태양계에 속하는 행성이라는 공통점만 가질 뿐 서로 대등하고 독립적이다. 서로에게 중력이 작용하고 있다는 과학적 사실을 우리가 알고 있더라도, 그들의 존재론적 위상은 수직 관계가 아닌 수평 관계로 이해된다.

능동적인 우연적 관계는 그렇다면 종속적이어야 하는가, 대등적이어야 하는가? 우리가 친구를 사귀거나, 배우자와 만나거나, 자식을 키울 때, 우리가 그들과 어떠한 상대적 위치에 놓이는 것이 서로에게 가장 바람직한 것일까?

필자는 대등적인 관계가 이 질문에 대한 가장 괜찮은 답들 중 하나이며, 특히 그중에서도, 다시 한번 우주의 모습으로 비유하자면, 쌍성의 모습이 가장 좋은 것이라고 보인다. 우리에게 가장 익숙한 별들 중 하나인 북극성을 생각해 보자. 북극성은 사실 3개의 별로 이루어진 쌍성이다. 각 별들 간의 질량 차이는 존재하지만, 3개의 별은 각각 대등적으로 빛나고 있다. 그들은 어느 것 하나도 다른 것에 의존하여 존재 의미가 형성되지 않는다. 하지만 이처럼 그들이 대등하게 서로 각자 자신의 빛을 낸다 하여, 그들이 서로 독립적인 존재인 것은 아니다. 우리는 이 3개의 별을 모두 북극성이라는 하나의 이름으로 부른다.

이러한 우리의 시각이 의미하는 바가 무엇인가? 우리는 인간관계라는 것이 서로가 양보하는 과정을 통해 하나가 되어 가는 것이라고 생각하는 경우가 있는데, 위와 같은 사례에 따른다면 그러한 생각은 옳지 않다. 둘 이상의 것이 하나가 되는 것은, 필연적이지는 않지만 아주 높은 가능성으로 하나가 다른 것에 의존하는 구도로 진행된다. 두 가지 이상의 색이 혼합될 때 둘의 양이 동등하지 않다면 반드시 둘의 혼합은 다른 한쪽에 더 가까워지는 것과 같다. 혹은 둘은 모두 각자 스스로를 잃고 다른 것이 되어 버린다.

색의 경우에는 이것이 문제 되지 않지만, 인간의 경우에는 다르다. 자신의 고유한 개성을 잃은 채 누군지도 모르는 다른 사람이 되어 버리는 것이 우리에게 좋을 가능성은 극히 낮다. 인간 개인에게 가장 중요한 것은 각자 자신이며, 이를 잃는 것이 좋은 것임을 혹은 바람직한 것임을 선뜻 주장하는 것은 쉽지 않다. 대등적인 관계가 가능하다는 것은 각자가 각자로서 존재하면서 관계를 맺는 것이 가능함을 뜻하는 것이다. 무지개는 7가지의 색이 각자로써 존재할 때 무지개라는 하나의 관계로 불리며, 태극도 음과 양이 각자로써 존재할 때 태극이라는 하나의 관계로 불리게 된다.

북극성과 같이, 무지개와 같이, 태극과 같이, 인간은 각자 자신의 빛과 색과 개성을 유지하면서 다른 이들과 관계를 맺을 수 있다. 이러한 가능성은 어떠한 특수적 관계에만 적용되는 것이 아니며, 모든 능동적인 우연적 관계에서 가능하다.

이것이 우리가 지향해야 할 바람직한 관계의 모습이라고 생각한다. 하나의 이름의 인간관계(예를 들어 부부, 부자, 모녀, 친구 등)로 불리지만, 그 관계를 이루고 있는 인간은 각자 스스로 자신의 고유한 빛을 내는 모습. 이것이 아름다운 것이 아니라면 대체 무엇이 아름다운 것인가? 하나가 자신을 버린 채 다른 것에 의존하며 존재 의의를 갖는 것은 결코 우리에게 좋은 것이 될 수 없다. 왜냐하면 우리는 모두 실존하고자 하는 존재이기 때문이다. 즉 아무리 다른 것에 가치를 둔다 하더라도 결국 우리의 심연의 심연에 있는 것은 우리의 '자기'이며, 모든 의지와 행위는 이것을 목적으로 한다. 인간의 최상의 아름다움은 자신이 자신일 때만이 가능하다.

우리가 겪는 대부분의 인간관계 문제는 대등적 관계가 아닌 경우에, 즉 우리가 우리 자신으로 빛나지 못할 때에 발생하는 것이다. 관계에 있어서 타인에게 나를 맞추기 위해 고군분투하며 나를 변화시키는 것, 그리고 그러한 행위가 고통스러운 것. 이것이 가장 큰 문제이다. 이러한 문제를 인식하기 위한 가장 좋은 방법, 그리고 가장 쉬운 방법은 스스로에게 다음의 질문을 던져 보는 것이다. "나는 지금 나로 살고 있는가? 나는 지금 다른 누군가로 살고 있지 않은가?" 이 질문에 우리가 선뜻 자신 있게 대답하지 못한다면, 갑자기 지금의 관계가 의심스러워진다면, 관계를 진전시키고 유지하기 위해 했던 노력들이 후회되기 시작한다면, 우리는 한시라도 빨리 잃어버리고 희석되어 버린 자신을 찾기 위해 움직여야 한다.

지금까지 필자가 서술한 이야기를 수용하고 이를 실천하고자 하더라도, 우리는 어떠한 특수한 경우에 있어서는 이를 잊은 채, 본래 가지고 있는 고정 관념을 사용하여, 혹은 위의 이야기가 타인에게는 적용되지 않는 것처럼 생각할 수 있다. 이 경우는 바로 부모와 자식의 관계이며, 상식과 이기성을 극복하기 어려우며, 어린 시절의 교육이 인간에게 극도로 중요한 만큼, 부모가 자식과의 관계를 어떻게 생각해야 하는지에 대한 논의는 특수하게 분류하여 자세하게 다루어 보아야 한다.

10

부모에 대하여

아무리 인간관계 문제 대처에 능하다 자신하는 사람일지라도, 그들이 부모가 되었을 때 자식과 맺는 관계에서도 문제 해결이 수월하기란 쉽게 단정할 수 없으며 오히려 그렇지 못할 경우가 더 많다. 이 때문에 인간 사회에서 부모-자식의 갈등은 뿌리 뽑히지 않고 명확한 해결책이 등장하지 않은 채 인류의 기나긴 역사와 함께 언제나 존재해 왔다. 이제 이 중요한 문제를 해결하기 위한 단초로써의 논의를 진행해 보자.

앞 장에서 언급하였던 것과 같이, (친)부모와 자식의 관계는 수동적인 우연적 관계인 동시에 능동적인 우연적 관계이다. 둘의 생물학적 관계는 전자에 해당하며, 부모-자식이라는 관념이 영향을 주면서 시간의 흐름에 따라 변화되는 비-자연적인 관계는 후자에 해당한다. 그러나 많은 부모는 후자의 특성을 간과한 채 전자와 후자의 관계를 동일한 것으로 여긴다. 그러한 생각이 미치는 영향이 오로지 자신한테만 있다면 당장은 크게 문제될 것이 없겠지만, 자식에게 이 영향이 미친다는 점에서 큰 문제가 발생한다. 전자와 후자를 구별하지 못하는 부모는, 자식을 자신에 귀속시켜 수직적 관계로 환원시킨다. 다시 말해 독립된 인격체인 자식의 특성을 간과한 채 본인과 자식의 모든 관계를 생물학적인 관계에서 비롯된 수직적 관계로 여긴다는 것이다.

이러한 인식론적 무책임은 현실에서 어떠한 결과를 낳는가? 위와 같은 잘못된 관념은 자식을 자신의 소유물로 귀속시키려는 경향성을 부모로 하여금 갖게 한다. 대한민국의 사상적 이념은 민주주의이며 자유의 추구이지만, 안타깝게도 우리들의 가정에서는 그러한 것들이 무시되는 형태의 독재정권이 자주 보인다. 어쩌면 이는 문화적이고 역사적인 맥락에서 유래한 것일지도 모른다. 우리의 전통은 반항보다는 순응을, 자유보다는 귀속을 미덕이자 옳은 것으로 삼아 왔다. 그러나 그러한 도덕은 이제는 힘을 잃었으며, 그것들은 더 이상 미덕이 아니게 되었다. 그렇기에 관성을 잃은 그러한 맥락은 더 이상 자식들의 자유에 대한 부모들의 착취의 정당화 근거가 되지 못한다.

관계 관념에 대한 그릇된 인식에 이어 부모들이 가장 흔히 간과하고 있는 점은 후견과 독재를 구분 짓지 못한다는 것이다. 부모는 자식의 후견인이다. 후견인으로서의 부모는 자식이 올바르게 자랄 수 있도록, 안전하고 건강하고 자랄 수 있도록 보살펴 주고 뒷받침해 주는 것이다. 이러한 역할은 부모와 자식 간의 수동적이고 우연적인 자연적 관계에서 비롯되는 한편, 능동적이고 우연적인 비-자연적 관계에서 비롯되는 것이기도 하다. 실존하고자 하는 자는 자신의 실존을 고려하는 만큼 타인의 실존도 고려하기 때문이다. 후견인은 뒤에 선 채 지원과 교정을 해 주는 역할을 한다.

반면 독재자는 자신이 앞에 서서 뒤에 있는 이들에게 강제력을 행사하며 자신이 고집하는 곳으로 그들을 잡아당기며 이끈다. 부모의 독재는 그들이 부모라는 사실과 관념으로 인해, 비폭력을 가장한 폭력의 모습을 보인다. 이는 앞서 말한 대로 부모-자식의 관계는 수동적인 우연적 관계와 능동적인 우연적 관계가 혼합된 형태이기 때문이다.

만약 회사 내에서 상사와 부하 직원의 관계처럼 능동적인 우연적 관계만이 존재한다면, 부하 직원에 대한 상사의 독재는 폭력 그 자체이다. 그러나 관계에 대한 잘못된 인식을 가진 부모는 사랑이라는 명목으로, 자신이 먼저 삶을 살아 봤으니 자신의 방법이 옳은 길이라는 등의 이유로 자식에게 정당화되지 않은 강제력을 행사한다. 자식의 자유는 겉으로만 보장될 뿐, 속으로는 처참히 짓밟히고 무시된다.

정말 안타까운 점은, 잘못된 관계 관념을 가지는 부모들은 보통 어떻게 살아야 할지에 대한 문제에 대해서 정당화되지 않은 섣부른 관념을 가지고 있는데도 불구하고 그 생각을 자식에게도 적용한다는 것이다. 자신들이 몇십 년 동안 살아온 과거만을 바탕으로, 존재적으로 철저히 분리된 독립체인 자식의 미래를 판단할 수 있다고, 결정지을 수 있다고 강력하게 믿고, 그렇게 강제하고 이끄는 것이다.

그러한 방식으로 자란 자식은 어떠한 모습을 보이는가? 사실 그들은 남부럽지 않은 모습을 보일 것이다. 왜냐하면 부모들의 사회적 성공의 공식은 바로 다음 세대에 유의미하게 적용될 수 있기 때문이고, 그럴 확률도 높기 때문이다. 그들의 자식은 사회적으로나 통념적으로나 성공의 표본으로 보일 것이다. 그러나 그러한 점만으로는 정당화 요건이 만족되지 못한다. 사실 자체와 그 사실에 부합하도록 강제하는 것은 언제나 구별되며, 전자만으로는 후자가 정당화되지 않는다.

주목해야 될 다른 점은 그러한 것들을 스스로 이루어 냈던 부모들과 달리 그들의 자식은 그러지 않았으며, 스스로 이루지 않았고 마찬가지로 그들의 부모에 의해 강요되었던 부모와 그들에게 길러진 자식은, 인간에게 있어서 가장 중요한 가치이자 추구해야 될 가치인 '자기'가 부재하다는 것이다.

'자기'에 대한 훼손은 곧 개인의 실존성에 대한 훼손이다. 관계에 대한 잘못된 관념은 부모로 하여금 자식을 소유물로 인식하게 하며, 그러한 인식은 후견이 아닌 독재의 경향성으로 이끄는데, 이 때문에 결과적으로 자식의 실존성은 훼손된다. 또한, 인간은 소유물로 대하는 것 역시 그의 실존성을 훼손하는 것이기에 위의 연쇄는 과정 자체로도 문제가 있다.

실존하지 못하고 있지만 사회적인 성공을 이루는 대부분의 이들은 마치 풍선처럼, 포동포동하게 살을 찌우고 있지만 속은 보잘것없을 정도로 비어 있는 모습을 보인다. 그들의 운명은 두 가지로 갈리게 된다.

첫째는 '자기'의 부재를 인식하지 못한 채 그러한 삶이 당연한 것처럼, 그저 타인의 의지로만 살아가는 길이다. 이러한 경우가 가장 흔할 것인데, 그 이유는 그러한 삶을 주위의 사람들은 부러워하고 칭찬하기 때문이다.

둘째, 자기가 풍선과 같음을 인식해 허무주의에 빠지는 길이다. 나이가 들며 어느 순간 삶을 성찰하며 자기 인식을 하였을 때, '나는 누구인가'라는 질문에 그들은 선뜻 대답하지 못한다. 삶에 있어서 가장 기본적이면서도 중요한 질문에 대답하지 못하는 자신을 보며, 그들은 과거를 후회하며 허무주의에 빠지게 된다. 그들에게는 수많은 고통이 들이닥친다. 아무리 소확행을 시도하고, 취미 생활을 하며 그것을 잊으려 해도 그들은 벗어날 수 없다.

두 경우 모두 연민이 든다. 하지만 무엇이 더 나은 길인가를 따져 본다면 고민의 여지없이 후자가 더 나은 것으로 생각된다. 왜냐하면 자신의 초라함과 허무함을 인식하고 수용하는 것은 자기 긍정의 시작이기 때문이다. 자기 자신을 아무런 장식 없이 솔직함과 정직함으로 들여다본 자는 충분히 자기를 경멸할 수 있으며, 자기 경멸은 곧 자기에 대한 사랑과 긍정으로 이어지는 기반이 된다.

하지만 그렇다고 해서 결코 이것이 바람직한 길은 아니다. 애초에 어릴 적 환경부터 부모가 자식이 본래적으로 실존할 수 있도록 후견인의 역할을 해 주었다면, 위와 같은 상황은 발생하지 않는다. 또한, 자기 경멸에서 자기 긍정으로 넘어가는 것은 엄청난 중력과 관성을 이겨 내는 것을 필요로 하기에 결코 쉬운 일이 아니다.

부모는 자식의 어떠한 모습을 진정으로 원할까? 사회가 부여한 가치대로 살면서 남들은 칭찬하지만 정작 '자기'의 가치는 왜소한 모습을 바랄까? 아니면 진정한 '자기'를 찾아 타인의 것이 아닌 자기의 인생을 살며 떳떳하고 자신 있는 삶을 사는 모습을 바랄까? 이 둘은 대척점에 있지 않다. 자기의 삶을 살아가는 사람도 사회가 부여한 가치를 적극적으로 검토하고 성찰하면서 수용할 수 있다. 오히려 자신이 세계 속에 살아가는 존재자라는 것을 무시한 채 살아가는 것은 실존하는 삶이 아니다.

　필자는 장담컨대 모든 부모는 위의 둘 중 후자를 원할 것이라고 생각한다. 만약 그런 것이라면 부모는 진지하고 올바른 성찰과 사유를 통해 자식의 자유와 실존성이 보장되도록 하여야 한다. 그리고 그 자유가 자기를 긍정하는 방향에서, 자기를 사랑하는 방향에서 활용될 수 있도록 독재가 아닌 후견인이 되어 주어야 한다.

11

어려운 단어를 쓰는 자들에 대하여

글이나 말 등의 언어를 매체로 하는 소통 활동을 통해 상대방에게 심리적인 중압감과 경계심, 그리고 더 나아가 동경을 갖게 하는 효과가 있는 방법들 중 가장 쉬운 방법은 바로 어렵고 생소한 단어를 사용하는 것이다. 이러한 효과는 전문가 집단에서 우선 가장 쉽게 찾아볼 수 있다. 의료인 집단만이 사용하는 용어, 법조인 집단만이 사용하는 용어, 요리사 집단만이 사용하는 용어 등의 것들은 일상의 일반 사람들이 사용하는 것들과 확연히 구분된다. 그러한 집단 내의 특별한 용어 사용은, 그것이 효과적이고 효율적인 의사소통에 도움을 주는 것인 이상, 문제가 될 만한 것이 전혀 없으며 오히려 필요한 것이다.

그러나 그러한 것들이 그 집단의 외부에서 본래의 목적을 잊은 채 이용된다면, 그것은 문제의 소지가 있다. 집단 외부의 사람이 어떤 특정 집단 내에서 사용하는 용어를 하나 배웠다고 해 보자.

예를 들어 법조인이 아닌 사람 A가 '부진정소급입법'이라는 개념에 관한 지식을 얻었다고 해 보자(사실 명확한 지식이 아닐 것이다). 자신이 법조인이 된 듯한 우쭐함을 느낀 A는 자신의 주변 사람들에게 부진정소급입법의 개념에 관해 설명해 준다. 자신들은 모르는 어려운 단어에 대해 이야기하는 A를 보며, 사람들은 A의 박학다식함에 놀라기도 하며, A의 잘난 척에 불쾌한 감정을 가지기도 한다. 이 상황이 어느 지점에서 문제가 되는 것일까? 오히려 '부진정소급입법'이라는 개념을 간략하게나마 알게 된 A와, A의 주변인들 중 누구에게 이로운 일이 발생하는 것인가?

법조인이 아닌 A가 부진정소급입법에 대한 지식을 얻게 되는 것이 A의 삶을 더 나은 것으로 바꾸어 줄 가능성은 상당히 적어 보인다. 오히려 다른 이들보다 더 많은 것으로 알고 있다는 착각과 상대적 우월감만을 가져올 가능성이 높다. 이것이 A에게 이로운 것이라고 주장하는 것이 논리적으로 불가능한 것은 아니겠지만, 적어도 그가 흔히 말하는 '좋은 삶'을 살고 있다고 자신 있게 말하는 것은 어려울 것이다.

A의 주변인들에게 미치는 영향은 어떠한가? 그들이 A를 똑똑하다고 생각하거나 A의 잘난 체함에 부정적 감정을 느끼는 것은 이로운 일인가? 그러한 별 볼일 없는 감정 낭비와 행동은 어느 누구 하나의 삶을 나아지게 하지 않을 것인데, 왜냐하면 전자에서는 A가 자신의 처지를 정확히 인지하지 못하게 될 수 있으며 주변인은 자신을 초라하게 바라볼 수 있게 되기 때문이고, 후자에서는 이롭지 않은 부정적 감정만이 생산되기 때문이다. 따라서 A와 A의 주변인 누구에게도 A

의 행동은 좋은 것으로 이끌지 못한다.

사실 위의 경우는 그렇게 큰 나쁨이 아니다. 가장 나쁜 경우는 책이다. 출판의 자유, 표현의 자유가 창조된 이후, 책을 출판하는 행위의 장벽은 상당히 낮아졌다. 그러나 자유에는 언제나 폐단의 가능성이 발생하기에, 고귀하고 좋은 내용을 담던 책은 누구든지 말도 안 되는 소리를 담을 수 있는 것이 되었다.

이에 더해 현대 사회는 책에 대한 관념과 출판에 대한 관념 사이에 간극이 심해졌다. 사람들은 아직도 과거처럼 책을 우상화하며, 옛 고사를 인용하며 책은 좋은 것이라는 관념을 가지고 있다. 그러나 과거와 달리 책은 더 이상 훌륭한 것이 아니게 되었다(그렇다고 과거의 모든 책이 훌륭한 것은 아니다). 훌륭하지 않은 것을 훌륭한 것이라 착각해 그것을 무비판적으로 받아들이는 숭배. 이는 큰 위험이다.

다행히도 이성적 존재자인 인간은 비판 능력을 가지기에 말도 안 되는 소리를 자체적으로 검열할 수 있는 능력을 가지고 있다. 그러나 이 비판 능력이 잘 발휘되는 것을 방해하는 것이 있는데, 그것은 바로 위에서 말한 어려운 말을 사용하는 것이다. 감정은 이성에 앞서 그것의 활동을 조절하기에, 어려운 말에 위축되는 심리적 상태는 올바른 비판 능력을 방해하게 된다.

잘못된 지식, 또는 엉성한 지식을 갖춘 자들은 자신의 초라함을 감추기 위해 어려운 단어를 사용한다. 이것으로 인해 독자는 책과 작가에 대한 위압감과 경계심을 갖고, 동경까지 나아가기도 한다. 이러한 방식으로 어려운 단어를 사용하는 것은 과거의 산물인 책의 권위와 결합해 그 효과가 더욱 강화된다.

책이 위험한 이유는 그것이 특정 집단만을 향하는 것이 아니라 누구에게나 그것이 읽힐 수 있다는 점인데, 전문가 집단은 자신들이 가지고 있는 지식을 통해 비판 능력을 올바르게 작동시킬 수 있지만, 대중들은 전문적 지식의 부재로 인해 그렇지 못하다. 그렇기에 그들은 책을 그대로 수용하게 되면서, 옳을 수도 옳지 않을 수도 있는 것을 옳은 것으로, 좋을 수도 좋지 않을 수도 있는 것을 좋은 것이라 여기게 된다.

정리해 보자면 위의 문제가 발생하는 원인은 두 가지이다. 하나는 지식을 갖추지 못해 어려운 단어가 주는 심리적 부담으로 인해 이성의 비판 능력이 상실되어 잘못된 판단을 하게 되는 독자에 있고, 다른 하나는 일부러 어려운 단어를 사용함으로써 옳음 또는 좋음이 명확하지 않은 것을 포장하고자 하는 작가에게 있다.

전자를 비판하는 것은 충분한 정도를 넘는 많은 양의 지식을 강요하는 것으로 나아가기에 적절하지 못하다. 다만 후자를 비판하는 것은 무리 없어 보인다. 무책임하게 위험 요소를 사회에 퍼뜨리는 것에 대한 비판적 시각의 수용은 그다지 어렵지 않기 때문이다. 명확하게 말할 수 없는 것에 대해 대답하지 않는 것은 무책임이 아니다. 무책임은 명확하게 말할 수 없는 것을 명확한 척 말하는 것이며, 결국 무책임한 작가들은 이를 감추기 위해 어려운 단어를 사용하며 독자들의 시선과 비판 능력을 교란시킨다.

대중을 향해 글과 말을 전달하는 사람은 대중들이 모르는 어려운 단어를 쓰는 것을 피해야 한다. 물론 의도에 따라서는 필요할 수도 있다. 예를 들어 사람들의 무지함에 분노해 제발 공부를 하게 만들기 위해, 멋있고 감동적인 연설 속에 어려운 단어 몇 가지를 집어넣어 스스로 탐구하게 만드는 것은 옹호될 수 있다. 대중과 비교해 상대적 우월감을 느끼고자 어려운 단어를 남발하는 자들에게는 그저 연민과 동정만이 생긴다. 강자와의 대결이 두려워 약자를 향해 자신의 지위를 유지하고 향상시키려 하는 것은 불쌍하고 처량한 행동이다.

글쓰기 윤리는 이러한 관점에서도 필요한 것이 되며, 이것이 낳을 수 있는 위험이 너무나도 거대하며 이미 이에 대한 폐단이 우리의 사회에 나타나고 있기에, 올바른 글쓰기에 대한 이행은 당위적으로 요구된다.

우리의 비판 능력을 성장시키는 것 또한 좋은 방안이 될 것이다. 속이 빈 채로 겉만 번지르르한 것을 감지해 그것의 거짓성을 찾아내는 우리의 비판 능력이 강해진다면, 어려운 단어를 사용하며 우리를 혼란에 빠뜨리려는 무리를 우리는 몰아낼 수 있다. 초라함을 감추기 위한 행동이 밝혀져 더욱더 초라함을 느끼게 되는 그들은 자연스럽게 자취를 감추게 될 것이다.

비판 능력을 키우기 위해 우리는 '이성'이라고 불리는 우리의 기능을 탁월하게 하도록 만들어야 하며, 그러기 위해서는 논리적 사고를 가르쳐 줄 수 있는 책들이 필요할 것이다. 수많은 정보가 폭우처럼 쏟아지는 시대에 좋은 정보를 찾아 좋지 않은 정보들을 걸러 낼 수 있는 능력을 키워야 한다는 것은 이미 우리 사회에서 너무도 많이 말하고 있기에 더 강조할 필요도 없을 것이다. 그럼에도 필자가 다시 한번 이를 얘기하는 이유는 이를 실천에 옮길 것을 당부하기 위함이다.

12

보잘것없음에 대하여

자연에 대한 인간의 우월성이 과할 정도로 강조되었던 과거와는 달리, 현대에는 오히려 이와 반대되는 주장이 모습을 드러낸다. 그러한 주장들 중 과학을 소재로 사용하기에 꽤나 설득력 있다고 여겨지는 것이 있는데, 대략적인 내용은 아래와 같다.

한 명의 인간은 길게는 100세를 겨우 넘게 생존하거나 안타까운 경우에는 출생 이전에 생을 마감하기도 한다. 그러나 지구는 무려 약 46억 년을 존재해 왔고, 우주는 약 137억 년을 존재해 왔다. 이처럼 장대한 우주의 역사에 비하면 인간의 수명은 참으로 짧다. 우주의 나이를 24시간으로 계산해 100세 인간이 존재한 시간을 계산하면 약 0.0006초이며 찰나인 약 0.01초보다 짧다. 그러므로 인간은 보잘것없는 존재이며, 우리의 삶은 부질없으며 무가치하다.

위와 같은 주장을 하는 이들은 시간이라는 수량적 개념을 통해 인생의 허무함과 인간의 초라함을 진리로 취급하며 많은 사람들에게 전파했다. 그리고 이를 들은 많은 이들은 그것이 마치 어떤 대단한 경지에 오른 큰 깨달음이라고 전파자를 추앙했다. 필자는 이와 같은 주장은 우리의 건강을 해치는 전염병이며, 초라함 속에 '자기'를 던져 아무 능동성 없이 아무 곳으로나 우리를 떠내려가게 만들고자 하는 비겁한 시도라고 생각한다.

두 가지가 문제이다. 우선 위의 주장은 논리적으로 부당한 추론이다. 크기가 작은 것은 가치가 작음을 결코 함축하지 않는다. 설득을 위해 여러 가지 예시를 들어 보자. 별들에 비하면 우주 먼지의 크기는 압도적으로 작다. 그런데 그렇다고 우주에 떠 있는 먼지들이 가치 없는 것인가? 적어도 별들에게는 자신들을 만들어 낸 소중한 재료들이라는 점에서 엄청난 가치가 있다. 또, 입자물리학은 우리의 물리적 세계가 소립자들의 결합으로 만들어진 것이라는 것을 밝혀냈는데, 그 누구도 소립자가 하찮은 것이라고 하지 않는다.

마지막으로 위의 주장과 직접적으로 상충되는 예시를 들어 보자. 빅뱅 이론은 우리의 우주가 대폭발로 생겨난 것이라고 한다. 빅뱅은 한 점에서 시작되었으며, 첫 대폭발 이후 급팽창이 종료되기까지의 시간은 10^{-32}초이다. 이는 인간의 신체보다도 한참 작으며, 인간의 수명보다도 한참 작은 시간이다. 그러나 극도로 짧은 시간에 발생한 사건으로 인해 지금의 거대한 우주가 발생하였다. 과연 빅뱅이 점에 불과하고 짧은 시간에 일어난 것이기에 가치가 그만큼 작은 것인가? 빅뱅 이론에 찬성하는 사람 중 이에 동의할 사람은 아무도 없을 것이다. 따라서 인간이 우주에 비해 작은 존재이고 짧은 시간 동안 존재한다는 이유로 무가치하다는 것은 옳지 않다.

두 번째 문제는, 저러한 가르침은 얼마든지 위대해질 수 있는 잠재력이 충분한 인간을 그렇지 못하도록 유도하기 때문이다. 저런 것들은 수동적 허무주의와 빠져나올 수 없는 니힐리즘으로 우리를 이끌고자 하는, 우리의 실존성을 훼손하는 관념이며, 언어가 개인들에게 미치는 영향력을 고려하지 않은 채 내뱉는 무책임한 말이다.

현대 사회에서 가뜩이나 잃어 가는 '자기'를 되찾고 긍정하기도 바쁜 와중에 그러한 식으로 우리의 존재 가치를 절하하는 것은 결코 우리를 건강으로 이끌지 않는다. 사실 인간이 어떠한 노력도 하지 않으며 그저 가만히만 있는다면, 특히 지금의 시대에서의 인간은 점점 세상을 목적 없이 떠도는 왜소한 존재가 되어 간다. 안타깝지만 이것이 우리가 직면하고 있는 현실이다. 하지만 우리는 동시에 그러한 중력을 거스른 채 하늘로 날아갈 수 있는 잠재력을 가진 존재이다. 자연의 섭리를 넘어서서 더 나은 삶, 더 좋은 삶을 갈구하고자 하는 인간에게, 위와 같은 허무주의적 가르침은 독약이다.

그러나 이 독약은 거부하기 어려운 매력을 가지며, 그것을 마시는 순간 우리는 일종의 편안함을 느끼게 한다. 그러나 이는 그저 도피에 불과하며, 안타깝게도 그곳에서 '자기'는 사라져 버리고, 우리는 정말로 보잘것없는 존재, 그냥 정말 아무것도 아닌 무(無)가 되어 버린다. 삶의 위대함과 아름다움에 관해 쉬지 않고 설득하려 시도해도 턱없이 부족한 지금 우리의 현실에서, 독약이 훌륭한 가르침으로 추앙받고 있는 것은 참으로 안타까운 일이다.

이렇게 우리는 허무주의적 가르침의 거짓된 실체를 폭로하였다. 하지만 사실 그들의 거짓됨을 밝혀냈다고 해서 인간의 삶이 무의미하지 않음이 증명되지는 않는다. 또 하나의 불편한 진실을 폭로하자면, 사실 인간은 무의미하게 태어난다. 생존하고자 하는 의지가 있는 생물적 특성에 더해 인간은 실존성이라는 고유의 특성을 가지지만, 그렇다고 해서 인간의 삶 자체가 본래적으로 가치 있고 의미 있는 것은 아니다.

왜냐하면 우리의 삶이 본래적으로 의미 있는 것일 이유가 없으며, 우리는 어떠한 의미를 가지고 태어난다는 주장에서의 의미는 모두 자연적인 것의 발견물이 아닌 인간의 창조물이기 때문이다. 이러한 주장도 허무주의적 가르침의 일종이라고 볼 수 있다.

하지만 이 주장은 능동적 허무주의를 이야기한다. 수동적 허무주의는 삶의 무의미함을 통해 우리를 좌절로 이끌지만, 능동적 허무주의는 삶의 무의미함을 긍정하며 의미 부여를 시작한다. 우리는 우리의 삶이 사실은 어떠한 의미도 지니지 않는다는 것을 인정하면서, 그렇다면 이제 앞으로 어떤 의미를 부여해 우리 삶을 가치 있는 것으로 만들 것인가의 방향으로 나아가야 한다. 따라서 우리는 무의미한 실존적 존재로 태어나지만, 유의미한 실존적 존재로 죽는다. 그렇기에 우리는 보잘것있는 존재가 되고 우리의 삶은 부질 있고 유가치해진다.

인간은 연속적이고 단방향적인 시간을 살아간다. 우리의 힘으로는 이러한 법칙을 거스르는 것은 불가능하다. 우리는 정말 짧은 기간 동안만을 살아 있지만, 그렇다고 해서 우리의 삶마저 정말 작은 것이 되는 것은 아니다. 우리 삶의 가치는 얼마든지 거대하고 고귀하며 위대한 것이 될 무궁무진한 역량과 잠재력을 가진다.

우주의 탄생은 우주의 나이, 그리고 인간의 수명보다 짧은 순식간의 폭발로 일어났다. 그러나 그 짧은 순간은 우리가 알고 있고, 보고 있고, 느끼고 있는 모든 것을 만들어 냈다. 또, 우리가 기억하는 과거의 위인들도 다른 모든 인간들과 같이 짧은 인생을 살았지만, 그들의 삶의 가치는 값을 매길 수 없는 것으로 기억되고 있다.

우리는 한시라도 빨리 독약의 가르침을 던져 버리고 이 세상에서 몰아내야 한다. 우리는 '우리는 왜 이리 초라한가?'를 고민하며 좌절하며 슬퍼할 것이 아니라, 백색의 도화지 위에 어떠한 아름다운 그림을 그릴지, 빈 오선지나 정간보 위에 어떠한 아름다운 음악을 만들지, 재료 덩어리를 이용해 어떠한 아름다운 조각품을 만들지, 빈 종이에 어떠한 아름다운 소설을 쓸지, 아무것도 심어져 있지 않은 토지에 어떠한 아름다운 싹을 틔울지, 식재료를 활용해 어떠한 아름다운 요리를 만들지, 빈 저장 공간의 카메라를 어떠한 아름다운 장면들로 채울지, 미개척지에 어떠한 아름다운 도시를 세울지를 숙고하여야 한다.

13

내로남불에 대하여

사람들은 보통 내로남불에 대해 부정적이고 기피해야 할 것으로 생각한다. 그런데 과연 꼭 그래야만 하는 것인가? 그러한 관념의 기원은 무엇인가? 사람들이 그러한 경향성을 갖는 이유는 사람이 합리적 사고와 그에 맞는 행동을 해야 한다는 일종의 의무감 때문인 것 같은데, 과연 굳이 그럴 필요가 있는 것일까?

위를 고려한다면 내로남불을 다음과 같이 정의할 수 있다: 관념 A를 가진 사람이 이와 유관하면서 자신의 이해관계와 독립적인 사태 X1과, 관념 A와 유관하지만 자신의 이해관계와 관련된 사태 X2에 대해, 사태 X1에 대해서는 관념 A를 전제로 결론 B1을 도출해 내지만 사태 X2에 대해서는 결론 B1과 다른 내용의 결론 B2을 도출해 내는 행위.

사람들은 사실 모든 종류의 내로남불에 대해 부정적으로 생각하지 않는다. 예를 들어, 어떤 연쇄살인마가 있다고 해 보자. 사람들은 그 사람에 대해 온갖 부정적인 말을 하고, 당연히 그래야 한다고 생각하며 그런 것이 마땅한 행위라 생각한다. 그런데 그 연쇄살인마의 가족에 대해서도 그래야 한다고 생각할까? 사람들은 그 가족이 그 연쇄살인마를 보호하고 두둔하려 하면, 그때에는 그럴 수도 있겠다는 생각을 갖는다.

이게 바로 내로남불 아닌가? 정확히 말하면, 이는 타인의 내로남불을 인정해 주는 것 아닌가? 연쇄살인마가 살인을 했다는 사실은 변하지 않았지만, 그 가족의 입장에서는 그를 보호하려고 하는 것이 정당할 가능성이 있다고 생각하는 것이다. 이를 바꾸어 말하면, 만약 연쇄살인마가 우리의 가족이라면, 우리가 그 사람을 보호하더라도 그것은 정당할 수 있으며 타인들도 자신을 인정할 수 있을 것이라 생각할 수 있는 것이다.

위 사례에서 발견할 수 있는 내로남불처럼 보이는 것은 하나가 더 있다. 사실 타인의 내로남불을 인정하는 것 자체가 내로남불처럼 보이기도 한다. 이를 변형된 내로남불이라고 하자. 변형된 내로남불은 두 사태가 모두 자신과 무관한 것이라도 같은 전제에서 다른 결론을 이끌어 내는 것이다. 내로남불과 변형된 내로남불 모두 인간의 비합리성에 관한 것이다. 근대 철학 이후 합리적 존재로서의 인간만이 강조되던 시대에서 인간의 비합리적인 영역을 인정하는 시대로 전환되며, 이러한 점을 고려한다면 내로남불에 대한 비난 가능성의 정당성은 힘을 잃을 것이라 기대할 수 있다. 내로남불이 나쁜 것이라는 관념의 기원은 인간의 합리성에 대한 기대였기에, 인간이 꼭 합리적이지는 않는 것이 인정되는 시점에서 위의 관념은 깨질 것이라 예상할 수 있다.

하지만 우리는 그럼에도 불구하고 내로남불은 나쁜 것이라는 명제를 버리지 않는다. 그 이유는 무엇일까? 위에서 살펴보았듯, 합리성에 대한 기대는 더 이상 영향을 끼치지 못할 것이다. 이제 다른 여러 가지 설명이 가능하겠지만, 필자는 내로남불을 하는 사람이 내로남불을 함으로써 특정한 이익을 얻는 것이 도덕적이지 못하고, 공정하지 못하다는 관념이 영향을 주기 때문이라고 생각한다.

덕 윤리가 현대 윤리학에서 부활하며, 자유, 평등, 공정 등의 가치가 거대한 사상적 트렌드가 된 현대에서 이런 해석이 가능해진다. 하나의 예시를 들어 보자. 어떤 한 커플이 있다고 가정하자. 남자친구는 여자사람친구가 많아서 그녀들과 자주 친구로서의 만남을 가진다. 여자친구는 이것이 마음에 들지 않고, 남자친구에게 만남을 자제하라고 화를 낸다. 남자친구는 그저 친구 관계라고 여자친구에게 이야기한다. 그러던 어느 날 여자친구가 그녀의 남자사람친구를 만나서 밥을 먹었다. 남자친구는 이에 대해 불쾌함을 느끼고 여자친구에게 화를 냈고, 여자친구는 남자친구에게 내로남불이라며 화를 낸다.

일상에서 꽤 찾아볼 수 있는 현실적 예시이다. 이 상황에서 통상적으로 우리는 남자가 내로남불을 이유로 잘못한 것이라고 생각한다. 그런데 그게 왜 잘못일까? 아마 대다수의 사람들은 "당연히 그러면 안 되는 거니까."라고 대답을 할 것이다. 그러나 이 대답의 숨은 전제는 앞서 말한 '남이 비윤리적으로 불공정하게 이익을 얻는 것은 나쁘다'

이다. 결국 남자가 비난받는 이유는 합리적이지 않기 때문이 아니라, 자신의 편익만 얻으려 하기 때문에 불공정하기 때문이다.

또한 이때의 불공정함은 객관적 수치 계산에 따른 것이 아닌 감정이다. 따라서 문제가 되는 것의 원인은 불공정에 대한 관념 자체가 아니라 그 관념이 불러일으키는 불쾌한 감정인 것이다. 필자는 사람들이 남자에게 내로남불을 이유로 비난할 수는 있어도, 그것을 이유로 남자친구에게 여자사람친구과의 만남을 자제하라고 쏘아붙이는 것은 부당하다고 생각한다. 왜냐하면, 그것은 그저 감정의 영역에서 서운함과 부당하고 느끼는 감정을 느끼고 불쾌함을 표출하는 것은 자연스러운 것이지만, 이에 대한 조치를 이성적으로는 강요할 권리는 누구에게도 없기 때문이다.

물론, 우리의 사회가 도덕 중심의 사회, 선(善) 중심의 사회라면 위의 권리는 정당화될 여지가 있다. 그러한 사회에서는 누구나 도덕적으로 행동할 의무가 있을 것이기 때문이다. 그러나 우리 사회는 그런 사회가 아니다. 그런 사회가 아닌 이유, 그리고 그런 사회가 앞으로는 도래하기 어려운 이유는, 도덕이 개개인의 자유를 억압하는 다수의 횡포로 이어질 가능성이 높다는 점 때문이다.

물론 그렇다고 해서 도덕과 윤리가 중요하지 않으며 없어져야 한다는 것은 결코 아니다. 분명 그것이 우리에게 주는 이점이 많다. 그러한 것들로 인해 인간은 약속할 수 있는 동물이 된다. 그러나 최초의 관념들은 내로남불의 사례와 같이 시간의 흐름에 따라 망각되거나 변형된다. 도덕에 관한 논의는 다음 기회에 더 자세히 다루어 보도록 하자.

종합적으로 고려해 볼 때, 우리가 손쉽게 내로남불 혹은 변형된 내로남불을 비난하기는 어렵다. 그것의 근거가 불명확한 이상, 그리고 누구든지 그렇게 행동할 수 있는 이상, 내로남불에 대한 판단은 우선 보류하여야 할 것이다. 비난이 정당한 것인지, 비난이 당위를 이끌어 낼 수 있는 것인지와 같은 것들은 아직 명쾌하게 판단할 수 없다.

14

이름에 대하여

나는 무엇인가? 이 질문에 자신의 이름으로 대답하는 것은 충분하지 않은 답변이다. 왜냐하면 이름은 편의를 위해 사물에 붙여지는 명칭에 불과하기 때문이다. 사자는 '사자'가 아닌 '호랑이'라고 불릴 수도 있었으며, 호랑이는 '호랑이'가 아닌 '사자'라 불릴 수도 있었다. 아니, 앞으로 그렇게 바꾸어 부르자고 해도 발생하는 문제는 인간 사회의 일시적 혼란뿐이다. 인간도 마찬가지이다. 윤동주는 '윤동주'가 아닌 다른 이름으로 불릴 수도 있었으며, 안중근은 '안중근'이 아닌 다른 이름으로 불릴 수도 있었다.

이것이 함축하는 바가 무엇인가? 우선, 이름은 결코 사물의 본질이 될 수 없다는 것이다. 너무나도 자명해 보이는 이 사실은 때때로 망각되곤 한다. 대상에 어떠한 언어가 어떻게 붙여지는가에 대한 이론은 여럿 있지만, 유효한 이론들 중 어떠한 것도 특정 사물에 부여된 특정한 이름이 그 사물의 본질이라고 주장하지 않는다. 이름은 철저한 인위적 산물이다. 자연적인 특성이나 형태를 보고 그것에 맞는 언어를 붙인 것조차 자연을 묘사한 것일 뿐, 그 자체로 자연적인 것은 아니다.

또한, 사물에 붙여지는 이름이 얼마든지 바뀔 수 있다는 것은, 이름이 갖는 의미와 대상이 갖는 의미가 구별된다는 것이다. 이 역시 너무나도 자명해 보인다. 표음 문자는 문자 자체로 의미를 갖지 않기 때문에 이해가 쉽지만, 문제가 되는 것은 표의 문자로 보인다. 그러나 표의 문자로 구성된 이름 역시 대상이 갖는 의미를 갖지 못한다. 표의 문자의 특성상, 문자 하나하나는 각각 저마다의 의미를 가진다. 또한 그 문자들은 서로 결합해 의미가 다양해지기도 한다. 예를 들어 금성(金星)의 문자 각각의 의미는 금과 별이지만, 金과 星이 결합해 금성을 지칭하며 다른 의미를 가진다. 그러나 사실 여기에서의 의미는 '금성'이라는 단어가 갖는 의미이지, 금성 자체에 대한 의미가 아니다.

금성은 '금성' 외에도 '샛별'이라고 불리며, 'Venus'라고도 불린다. 같은 대상을 두고 이렇게 다양한 이름으로 불리는 것은 모든 이름들이 가지는 의미가 사실은 그 대상 자체에 대한 것이 아닌 대상에 붙여지는 이름에 대한 것임을 보여 준다. 물론 어떤 의미들은 대상의 특정 속성을 묘사한 것에서 비롯된 것이지만, 이 역시 부분에 대한 묘사이며 양태에 대한 것일 뿐, 대상 자체에 대한 것은 아니다.

이것이 문제가 되지 않는다고 생각할 수 있는데, 그렇다면 조금 더 쉬운 예시를 들어 보자. 우리가 한 마리의 고양이 A에게 하나의 이름을 붙여 준다고 해 보자. 누군가는 A의 눈을 보고 '초롱이'라는 이름을 붙이고, 누군가는 A의 수염을 보고 '수염이'라는 이름을 붙이고, 누군 가는 A가 고양이기에 '네코'라는 이름을 붙이고, 또 다른 누군가는 '캣' 이라는 이름을 붙이며, 누군가는 '네로'라는 이름을 붙인다. A에게 붙 여진 수많은 이름들 중 과연 A 그 자체의 의미를 담는 것은 무엇일까? 위의 이름들은 모두 그렇지 못하다.

하지만 필자는 이 글에서 언어학의 이야기를 하고자 하는 것이 아니 다. 언어학을 전공하지도 않았고, 언어철학에 대해서 깊은 이해를 갖 고 있지도 않기에, 위의 서술은 아주 거칠고 섣부른 분석이라고 생각 한다. 필자가 말하고 싶은 것은, 인간은 우리에게 우리의 이름이 얼마 나 큰 짐이 되고 있는지이다. 필자가 위에서 이름은 그저 글자 덩어리 임을, 이름은 우리의 본질이 될 수 없음을, 이름을 '우리가 무엇인가'에 대한 대답이 될 수 없음을 보이고자 한 것은, 이름이 하나의 우상이 되 어 버렸기 때문이다.

우리의 이름은 진정한 우리를 고스란히 담아내지 못한다. 이름이란 것은 사회적 지위와 마찬가지로 우리에게 수동적으로 부여된 것이고, 역사와 전통 그리고 문화가 담겨 있는 복합체이다. 여기에는 가문, 조상 등의 것들도 포함된다. 어떤 사람이 한국 이름을 받고 한국 국적을 얻는 순간, 그 사람은 근본적으로 한국의 모든 것들에 귀속된다. 같은 사람이 라도 미국인일 경우, 프랑스인일 경우, 소말리아인일 경우 근본적인 많 은 것들이 달라진다. 이것이 우리를 기쁘게 해 주며 우리가 실존할 수 있게 해 준다면, 어떠한 문제도 발생하지 않을 것이다. 그러나 선천적으 로 자유를 갖고 태어난 우리를 우리의 이름은 얼마나 속박하는가?

우리는 한국 이름을 가졌기에 훌륭한 한국인이 되어야 하며, 특정한 성씨를 가졌기에 특정한 가문을 잇는 사람이 된다. 이름은 우리를 자유로부터 멀어지게 하는 것들 중 그 정체를 가장 잘 숨기며 큰 영향력을 발휘하는 것들 중 하나이다. 왜냐하면, 태어나는 순간부터 우리는 부모로부터 정해진 이름을 달고 세상에 나와 그 이름으로써 우리의 삶을 살기 때문이다.

우리에 대한 서술문의 주어는 우리가 아닌 우리의 이름이며, 타인은 우리를 우리 자체가 아닌 우리의 이름으로 기억하며 우리의 이름으로 부른다. 이러한 상황 자체는 문제 되는 것이 아니지만, 문제는 우리의 이름이 근본적인 '자기'를 대체해 버린다는 점이다. 앞서 말했듯, 우리의 이름은 일일이 열거할 수도 없이 많은 의미를 갖는다. 그렇기에 이름은 우리 자체를 집어삼키기 쉽다.

필자가 한때 외국 여행을 갔을 때 이와 관련된 고민에 빠졌던 적이 있다. 그 당시 필자는 성공해야 한다는 부담감, 자랑스러운 아들이 되어야 한다는 압박, 뛰어난 결과를 내야만 하는 우수한 학생이 되어야 한다는 의무감에 빠져 있었다. 하지만 이러한 것들을 만족시키지 못했다는 생각에 필자는 극도의 우울감과 절망감에 빠져 있었다. 필자는 유럽에 갔었는데, 여유로워 보이며 일상의 모든 순간 하나하나가 즐거워 보이는 그들을 보며 정말 많은 부러움이 들었었다. (물론 그러한 모습은 필자가 관찰한 장면일 뿐, 내부를 들여다본다면 그들 역시 힘든 삶을 살고 있었을지도 모른다.) 그때 하나의 생각이 필자의 머릿속에 작살처럼 꽂혔다.

내가 지금 내 이름을 버리고, 이곳으로 이민 와서 이곳의 이름을
가진 한 명의 이방인으로서 사는 것이 불가능한 건 아니지 않나?
이게 내가 지금 느끼는 허무로부터 근본적으로 벗어날 수 있는
길 아닐까?

이름을 버리는 것만으로 이것이 가능해지는 것은 아니며 이것은 그
저 허무주의적 도피이지만, 필자가 이때 얻은 깨달음은 이름이라는
것이 생각보다 크게 우리의 발목을 잡고 있다는 것이었다. 당시에 필
자의 이름은 필자가 한국에서 태어나 그때까지 살아온 모든 삶을 담
고 있었다.

우리는 분명히 우리의 이름보다 훨씬 거대한 존재이다. 금성에 대한
여러 가지 이름들이 갖는 의미를 모두 합쳐도 금성 자체가 갖는 의미
를 나타내지 못하듯, 우리 인간도 마찬가지이다. 이것이 이해되지 않
는다면 다음을 자문해 보자.

내 삶에서 내 이름을 배제한다면 나는 무엇인가? 만약에 내가 다
른 이름을 가졌다면 나의 삶은 달랐을까? 내 이름에 대한 설명이
나에 대한 설명과 어떻게 다른가?

이 질문을 통해 우리는 우리가 과연 '자기'로써 살아왔는지, 혹은 우리의 이름으로써 살아왔는지 알 수 있다. 우리의 이름으로써 살아왔다는 것은 앞서 말했듯, 우상이 되어 버린, 너무나 많은 것들에 우리를 귀속시키는 우리의 이름에 맞추어 우리가 살아왔다는 의미이다. 넓은 시각에서 이것은 주객전도의 상황인데, 왜냐하면 이름의 기원과 본질을 생각한다면, 이름은 어떠한 고유 존재에 붙여지는 하나의 단어 조각일 뿐인데, 고유 존재가 그의 고유성을 잃고 이름이 내포하는 의미에 스스로를 맞추는 것은 역전 상황이기 때문이다. 우리는 우리의 이름이 아니다.

15

죽음에 대하여

인간은 필멸의 존재이다. 이것이 극복될 수 있는 것인가에 대한 문제는 아직 우리에게는 유의미한 것으로 다가오지 않기에, 모든 인간은 죽음을 맞이한다고 우리는 말할 수 있다. (왜냐하면 생명체의 죽음은 자연 법칙이기에, 모든 가능 세계에서 필연적인 것이라 단정하기에는 이르다. 하지만 적어도 현시점에서, 그리고 우리의 세계에서는 필연적이고 법칙적인 것으로 보인다.)

그런데 사실 우리가 가지고 있는 죽음에 대한 관념은 상대적인 측면이 있으며, 죽음이라는 개념이 적용되는 상황 및 대상은 일반성을 갖지만 보편성을 갖지는 않는다. 쉽게 말해, '죽음'이라는 것에 대해 우리가 내리는 정의는 '총각'이라는 것에 대해 우리가 내리는 정의와 모습이 다르다는 것이다. 지금 우리의 세상에서는 누구나 총각을 결혼하지 않은 남자라고 생각하지만, 죽음에 대해서는 그렇지 않은데, 대체로 우리는 죽음을 숨이 끊어진 상태 혹은 생명의 상실이라고 보지만, 모든 경우에서 누구나 같은 정의를 내리지는 않는다. 때때로 우리는 태양을 죽지 않고 살아 있는 것이라고 이야기하며, 이미 죽은 사람이 마음속에서 살아 숨쉬고 있다고 이야기하기도 한다.

이러한 방식으로 죽음이 다양하고 상이한 방식으로, 때로는 일반적 정의와 모순적으로 말해지는 것은 우리가 아직 죽음의 개념을 제대로 파악하고 있지 못하기 때문이다. 이러한 사실만을 이유로 죽음에 대한 탐구를 진행하는 것은 명료하지 않은 것을 명료하게 만들고자 하는 철학적 태도이자 욕심에서 비롯된 것일 것이다.

그러나 우리가 죽음에 대해 이야기하는 것은 분명히 총각에 대해서 이야기하는 것과는 다른 무게를 갖는다. 누군가에게는 죽음에 대한 생각을 시작하는 것조차 너무나도 버겁고 고통스러운 일이며, 가벼운 마음으로 죽음에 대한 논의를 시작하더라도 어느샌가 그것의 무거움은 우리를 압도하기 마련이다. 그렇기에 이 압박을 견딜 자신이 아직 없다면, 다음 문단으로는 진행하지 않을 것을 권한다. (그러나 '아직'이라는 말이 함축하듯, 우리의 필연적 필멸성은 우리에게 죽음에 대한 생각을 강요하기에, 이를 피할 방도는 없다.)

아직 우리는 죽음이 무엇인지에 대해 정확히 말할 수는 없지만, 어찌 되었건 안타깝게도 죽음에 대해 이야기하는 것이 결코 죽음을 가벼운 것으로 만들어 주지는 못한다. 일반적인 경우에는 복잡하고 혼란스러운 상황과 그에 대한 생각을 정리하고 질서 짓는 것만으로 그것의 무게와 압박이 해소된다. 예를 들어, 어려운 수학 문제를 처음 마주했을 때에 아직 그것을 풀어 보지 않은 상황으로 인해 우리는 그 문제가 가지는 복잡도와 난이도를 상상하며 일반적으로는 과대평가한다. 그러나 정작 그 문제를 하나하나 분석하고 풀이 과정과 답을 발견한 후에, 그 문제가 처음에 내뿜던 중압감은 사라지게 된다.

하지만 '사느냐 죽느냐'의 문제, 'to be or not to be'의 문제, '실존이냐 비실존이냐'의 문제의 경우는 그렇지 않다. 이것들에 대한 중압감은 오히려 논의를 시작하기 이전이 과소평가되어 있으며, 사유를 진행할수록 오히려 압박감은 점차 증가한다. 이 과정은 굉장히 고통스러우며, 논의 과정의 끝에서 우리는 이 강적과의 대결에서 영웅적인 승리를 쟁취하거나 허무주의로 이어지는 패배만을 하게 된다. 필자가 죽음에 대해서 논의하고자 하는 목표는 죽음이라는 관념을 파헤쳐 승리하고자 함이기에, 이전 문장의 전자는 논의 목적의 달성이며, 후자는 논의 목적의 미달성 혹은 잘못된 목적의 달성이다.

필멸자인 인간에게 죽음이 그 자체로 좋은 것이 되기란 어려우며, 우리에게 가능한 것은 죽음을 수단적으로 좋은 것으로 만들거나 무거운 무게의 죽음을 그대로 수용하여 관념적으로 극복해 내는 것뿐이다. 죽음을 수단적으로 좋은 것으로 만든다는 것은 다시 말해 삶의 종료가 연명보다 나은 상태가 되도록 만드는 것이다. 비유하자면 우리의 죽음이 마치 좋은 마무리, 깔끔한 결론, 장엄한 대서사시의 마지막, 훌륭한 소설의 아름다운 결말과 같은 것이 되는 것이다. 이때에 죽음은 그 자체로 좋은 것은 아니지만, 삶 전체의 관점에서 전체적으로 좋은 삶을 만들어 주는 좋은 수단이 된다.

이러한 방식을 가장 쉽게 접할 수 있는 것은 안락사 혹은 존엄사와 같은 상황일 것이다. 당연히 이에 대해서는 여러 가지 논쟁이 오가지만, 필자는 그중에서, 한 인간의 삶 전체를 관망해 보았을 때 죽음을 선택하는 것이 연명하는 것보다 그의 삶을 보다 완성도 있는 것으로, 정합적인 것으로 만들 수 있다는 입장을 지지한다. (물론 그렇다고 해서 해당 입장만이 합리적이라고 생각하는 것은 아니며, 각자가 가지는 근본적 전제로 인해 누가 어떠한 입장을 지지하는지는 달라질 것이다. 각자가 상정하는 전제가 참이라고 가정하면, 상이한 결론이 나오더라도 모든 주장은 합리적일 수 있다.) 그리고 이에 더해 완성도 있는 삶, 정합적인 삶의 필요 조건이자 목적으로 실존성이 있다고 생각한다. 따라서 한 개인의 실존을 요건으로, 그리고 그것을 목표로 하는 완성도 있고 정합적인 삶을 위해, 죽음은 우리에게 좋은 것이 될 수 있다.

이러한 방식은 기본적으로 계산을 통해 성립된다. 이때의 계산은 죽음의 이익과 연명의 이익을 삶 전체의 관점에서 비교해 보는 것이다. 이 비교 계산에서 문제가 되는 지점은 이익에 대한 평가가 객관적인지 주관적인지이다. 만약 어떠한 행위에 대한 가치 혹은 이익이 객관적으로 정해져 있다면, 어떠한 목록이 있어서 누구든지 같은 행위를 하기만 한다면 그 행위에 동일한 가치가 부여되는 것이라면, 계산의 주체는 어떤 이가 되던 상관없다. 그러나 각 개인에 따라 그의 행위에 매겨지는 가치가 상대적인 것이라면, 계산을 할 수 있는 주체는 오직 당사자뿐이다.

두 계산 방식 모두 난점을 갖는다. 계산이 객관적일 경우, 인간의 개인성, 독립성, 고유성은 무시되어 일률적 평가 기준을 할 수 없는 상황임에도 우리는 마치 소고기 등급을 매기듯 한 사람의 삶을 제멋대로 평가하게 된다. 이는 각 인간이 가지는 실존성에 대한 강력한 훼손임이 틀림없다. 분명히 우리는 각자 스스로 고유한 자아와 자기로서 실존하고자 하는 의지를 갖는다. 하지만 그렇다고 해서 주관적인 계산이 곧바로 옹호되지는 않는다. 계산을 할 수 있는 자격이 있다는 사실이 계산을 잘한다는 사실을 함축하지 않기 때문이다. 시험을 볼 자격이 있다고 해서 반드시 만점을 받는 것은 아닌 것과 같다.

그렇기에 이 방식에서는 개개인의 합리적이고 비판적인 이성 능력이 반드시 필요하게 되는데, 모두에게 하여금 이것을 쉽게 기대하기란 어렵다. 이 능력은 몇 번의 가르침으로 곧바로 획득되는 지식이 아닌, 꾸준한 반복을 통한 훈련이 요구되기 때문이다. 만약 이러한 능력이 부족하다면, 개인은 자신의 삶에 대한 잘못된 판단을 내려 섣부른 자살을 감행할 수 있다. 따라서 두 가지 계산 방식 모두 쉽게 극복되기 어려운 문제점을 가지기에 해결책이 강구되지 않는 한, 이러한 방식으로 죽음을 대하는 것은 위험하며, 오직 모든 조건이 잘 만족되는 소수의 상황에서만 정당화될 것이다.

두 번째 방법은 무거운 무게를 가지는 죽음을 그대로 수용하여 관념적으로 극복하는 것이다. 이 방법은 죽음을 어떻게든 좋은 것으로 만들고자 하는 시도와는 다른 것인데, 이를 비유적으로 다음의 선언과 같이 나타낼 수 있다.

"죽음? 죽음이 나에게 닥칠 시련이라는 것을 나는 안다. 그러나 그게 뭐 어쨌다는 것인가? 피할 수 없는 것을 피하고자 하는 모든 시도는 실패한다. 내가 할 수 있는 것은 이 시련을 긍정하는 것뿐이다."

고통을 회피하려 하지 않고 긍정하고자 하는 이 방법은 알베르 카뮈의 해석에 따르는, 《시지프 신화》에서 시지프가 자신의 부조리한 운명을 긍정하는 것과 유사한 시도이다. 시지프는 평생 산 정상으로 커다란 돌을 굴려야 하지만, 돌을 정상 위로 올리는 순간 돌은 다시 다른 쪽으로 굴러떨어지기에 그 목표는 평생토록 완수될 수 없다.

이러한 상황에서 우리는 어떠한 태도를 취할 것인가? 보통의 일반적인 경우라면 우리는 그러한 운명을 비관하며 우리의 삶을 비참한 것으로 여기고 삶을 고통만이 가득한 것으로 인식할 것이다. 그러나 시지프는 그러한 것들을 그저 모두 받아들이며 그것의 무의미함을 인식하고, 무의미에 의미를 부여하며 자신의 생을 이어 나간다. 카뮈는 시지프를 통해 삶이 그 자체만으로 살아갈 가치가 없다는 것을 인정하면서도 이에 대한 대응으로 자살을 택하지 않는 방법을 우리에게 전해 주는 것이다.

죽음은 그야말로 우리가 처한 필연적이고 법칙적인 현실이며, 모든 인간에게 공평하게 부여되는 몇 안 되는 것들 중 하나이다. 시지프의 돌 굴림과 우리의 투쟁적 삶은 유사한데, 시지프가 아무리 돌을 열심히, 혹은 잘 굴리더라도 무색하게도 돌은 어차피 다시 굴러떨어지는 것처럼, 우리가 아무리 삶을 열심히, 혹은 잘 살려고 하더라도 어차피 우리는 우리가 이루었다고 생각하는 것들을 뒤로 한 채 죽어 버린다.

이렇듯 죽음이라는 하나의 불편부당한 사건은 돌의 무한한 굴러떨어짐처럼, 우리의 모든 행위와 시도는 무의미하다는 것을 드러내는 것처럼 보인다.

이러한 사실을 마주한 우리는 우리의 실존을 포기해 버리는 여러 가지 방법을 채택할 수 있는데, 그럼에도 불구하고 우리에게는 위와 같은 사실을 인정함과 동시에 각자 스스로 실존할 수 있는 길이 존재한다.

그 길은 카뮈의 시지프가 택하는 길과 유사한 것이다. 어차피 죽는다면, 어차피 돌은 굴러떨어지는 것이라면, 이에 대해 우리가 할 수 있는 것은 없다. 그러한 죽음은 그 자체로 좋은 것은 아니지만, 그렇다고 해서 그것이 우리의 죽음 이전까지의 삶을 보잘것없이 무가치한 것으로 만들지는 않는다. 그것은 순전히 우리의 관념적 오류일 뿐이며, 나르게 생각하는 것은 불가능하지 않다.

우리는 그저 좌절할 자유가 있을 뿐, 좌절해야만 하는 것은 아니다. 죽음과는 별개로, 우리는 살아 있는 동안 우리의 시간을 소중한 것으로 가득 채울 수 있으며, 과거에는 그러지 못했다 하여도 남은 생을 그렇게 만들 능력이 있다.

이러한 점에서 죽음의 사건은, 첫 번째 방식과 마찬가지로 우리에게 수단적으로 좋은 것이 될 수 있는데, 마르틴 하이데거가 이야기하는 죽음으로의 선구(先驅)가 그것이다. 우리는 죽음을 생각함으로써 오히려 지금까지의 생을 반성하고 성찰해 보며, 앞으로 우리가 어떻게 실존할 것인가를 고민해 볼 수 있다. 유한한 삶을 살기에 어쩌면 우리는 어떻게 살아야 하는가에 대한 치열한 고민을 하는 것일 수도 있으며, 그렇기에 우리는 우리의 생(生)을 가치 있는 것이라고 생각하는 것일 수도 있다.

사실 위의 내용과 이것이 함축하는 바를 이렇게 짧을 글로 모두 표현할 능력은 아직 필자에게는 없다고 느껴진다. 위의 글을 아무리 자세히 읽는다고 해도 아마 필자가 말하고 싶은 것을 모두 이해하지 못할 것인데, 이는 필자의 능력 부족이다.

하지만 필자는 죽음이라는 관념, 무섭고 두렵고 무거우면서도 명료하지 않은 이 관념을 조금이라도 더 명료하게 만들고 싶었으며, 사람들이 죽음에 대해 갖는 생각을 정리해 자신들의 삶을 조금 더 자기의 것으로 소중하게 누렸으면 하는 바람에서 위와 같은 시도를 해 보았다. 이것이 좋은 계기가 되었으면 하며, 필자가 언급한 학자들과 그들과 관련된 다른 학자들의 글도 읽어 보면 좋을 것 같다.

위와 같은 필자의 섣부른 시도에 따르면, 우리는 죽음이라는 관념이 주는 무게로 인한 감정적 압박에서 벗어나거나 극복하고 긍정해 낼수 있다. 하지만 글의 초반부에서 말했듯, 아직까지도 우리는 죽음이 무엇인지에 대해서 논의하지 않았으며, 우리가 일상적으로 갖는 죽음에 대한 관념과 그것에 대한 대응책만을 이야기하였다. 죽음이 무엇인지 모르는 상태로 그것에 대해서 이야기하는 것은 불가능하지만, 우리가 위에서 언급한 죽음은 사실 어느 정도의 일반성을 갖추고 있기에 우리의 논의는 가능한 것이었고 유효한 것이 될 것이다. 그러나 처음에 말했듯, 아직 죽음이 무엇인지는 모호한 상태에 놓여 있다.

죽음은 보통 두 가지로 말해진다. 하나는 육체의 죽음이고, 나머지

하나는 존재 사실의 죽음이다. 우리가 일상적으로 생각하는 죽음은 전자이다. '숨을 거둔다'라는 표현과 죽음을 동일한 것으로 여기는 것도 이 때문이다. 하지만 앞서 말한 것과 같이, 죽음은 분명히 다른 의미에서 사용되곤 한다. 그것들은 모두 존재 사실의 죽음에 해당한다.

육체의 죽음과 존재 사실의 죽음은 개념적으로 구분되지만, 후자는 전자를 함축한다고 볼 수 있다. 다시 말해, 육체의 죽음이 반드시 존재 사실의 죽음을 의미하는 것은 아니지만, 모든 존재 사실의 죽음은 육체의 죽음을 동반한다. 존재 사실의 죽음이란, 어떤 존재자가 존재하였다는 사실이 더 이상 존재하지 않게 된 것이다. 세상에서 잊혀졌다는 말이 이것을 뜻한다고 볼 수 있는데, 사실 엄밀한 의미에서는 세상에서 잊혀졌다는 말조차 할 수 없이 완전한 무(無)가 되어 버린 것을 뜻한다.

존재 사실의 죽음은 관계의 죽음으로도 설명할 수 있다. 관계의 죽음이란 모든 관계가 사라졌음을 뜻한다. 존재 사실의 죽음은 다른 누군가의 기억을 조건으로 하기에, 관계의 죽음보다는 작은 범주이지만, 우리는 관계의 죽음에 대해서는 관계 단절이라고 표현할 뿐 죽음이라고는 잘 이야기하지 않는다.

존재 사실의 죽음은 죽음의 당사자와 다른 것들이 맺는 관계가 모두 죽었음을 의미한다. 어떤 식으로라도 관계를 맺고 있다면, 존재 사실은 아직 존재하고 있는 것이라고 볼 수 있다. 예를 들어, 우리는 과거의 위인들을 기억하며 심지어 그들에게 큰 영향을 받기도 한다. 인간 소크라테스는 죽었지만, 소크라테스의 존재 사실은 살아남아 수많은 사람들과 관계를 맺는다.

죽음에 대한 이러한 의미를 고려한다면, 우리는 왜 인간이 무엇을 남기고자 하는 욕망을 가지는지를 알 수 있다. 비록 자신의 신체는 소멸되지만, 우리가 어떠한 업적을 남기거나 사람들에게 유의미한 흔적을 남긴다면, 우리의 존재 사실은 죽지 않는다.

하지만 분명한 사실은 모든 죽음이 필연적으로 도래한다는 사실이다. 존재 사실의 죽음은 육체의 죽음보다는 생(生)의 기간이 길겠지만, 결국 언젠가는 존재 사실의 죽음은 우리를 찾아온다. 결국은 세상에 우리가 존재하였다는 사실이 단 하나도 남게 되지 않더라도, 우리는 이에 대해 좌절하지 않아도 된다. 물론 우리의 신체가 분해된다면, 우리가 우리의 존재 사실에 대해 어떤 변화를 일으키는 것은 불가능할 것이다. 하지만 어쩌면 그것은 하나도 중요한 것이 아닐지도 모르며, 진정으로 우리에게 정말로 중요한 것은 우리가 (육체적으로) 살아 있는 동안 무엇을 할 것인지이다.

죽음을 두려워하는 것은 필멸자들에게는 당연하고 자연스러운 반응이다. 그러나 죽음에 대해 좌절하는 것은 그렇지 않다. 두려움은 좌절과 회피를 함축하지 않는다. 삶의 마지막이 무(無)라 하더라도, 그 사실이 살아 있는 동안의 우리를 완전한 무(無)로 만들지 않는다. 물리적 무(無)와 관념적 무(無)는 개념적으로 다른 것이다. 죽어 없어진다는 사실은 우리 삶의 의미를 모두 무로 만들지 않으며, 우리의 삶이 사실은 무의미의 출발을 가지는 것일지라도, 무의미 속에서 우리는 각자 자신만의 의미를 창조할 수 있으며, 그 점에서 우리는 모두 신이 된다고 말할 수 있다(흔히 말하는 인격신을 뜻하는 것은 아니다). 이 행위는 신적이며 경건하고, 고유한 것이며 위대한 것이다.

맺음말

이렇게 우리는 1개의 교과서적 서술과 14개의 가벼우면서도 무거운 일상적 주제들에 대한 간략한 논의를 진행해 보았다. 서문에서 언급했듯, 필자가 이 책을 저술하게 된 목적은, 우리가 일상적으로 흔히 생각하는 것들에 대해 그것이 과연 정당한 것인지 혹은 당연한 것인지에 대해 의심을 해 보고, 그러한 생각들이 우리에게 어떠한 영향을 미치고 있는지를 고민해 보며, 기존의 관념을 파괴 또는 해체하고, 명료하지 않은 것들을 명료해 보이도록 재구성 또는 재건축을 시도해 보고자 (혹은 그러한 시도를 권유하고자) 하는 것이었다.

이러한 활동의 궁극적인 목적은 철저히 관념의 재구성을 통한 삶에 대한 반성과 고찰, 그리고 이를 통한 실존의 개시이다. 실존의 개시로 이어지기 위해서는 무엇보다 독자의 역할이 중요할 것이다. 필자가 할 수 있는 것이라곤 오직 환경 제공뿐이며, 독자들에게 피투된 이 환경에 어떤 선택을 할지는 철저히 독자의 기투에 달려 있다.

글에도 간간히 언급하였지만, 실존이란 무엇인지에 대해서 설명하기란 여간 어려운 일이 아니다. 더구나 이 책은 실존 철학에 대한 개요서도 아니며, 어떤 임의의 수업에 사용될 수 있을 정도의 교과서도 아니기에 실존 개념에 대한 이해는 이 책을 통해 결코 달성될 수 없을 것이다. 이에 더해 필자가 실존주의 철학과 실존주의 문학을 접하고 공부한 것은 맞지만, 그에 대한 이해의 깊이가 깊다고 자신할 수는 없으며, 실제로도 그렇지 않을 확률이 높기에, 감히 실존이란 무엇이라고 당당하게 말할 수 있는 능력은 아직 부족하다고 생각한다.

하지만 그럼에도 불구하고 이 책을 단순히 소비하는 것을 넘어 책이 가지는 취지와 목적을 느끼기 위해서는 실존 개념에 대한 기초적인 수준의 이해를 갖추는 것이 불가피하다고 생각한다. 이런 이유 때문에 필자는 책 중간중간에 실존이란 무엇인가에 대한 압축적인 설명을 제시하였다. 하지만 위에서 언급했듯 실존에 대한 필자의 관념이 실존주의의 것과 동일하지는 않을 것이기에, 어렵겠지만 독자 스스로 실존주의에 대한 탐구를 진행해 보았으면 하는 것이 또 하나의 바람이다.

그러나 그렇다고 해서 이 책을 읽기 위해 실존주의의 이해가 필요조건으로 작용하는 것은 아니다. 만약에 그런 것이라면 애초에 이 책은 출간되지 않았을 것이다. 무게감이 과한 것은 보편적으로 읽히기 어렵다. 사실 실존하기 위해서 실존주의를 공부해야 되는 것은 결코 아니다. 이미 스스로 실존하고 있는 이에게 실존에 대해 가르치는 것은, 강아지에게 밥 먹는 법을 가르치는 것과 같으며, 인간에게 숨 쉬는 법을 가르치는 것과 같다.

그 말인즉, 모든 인간에게는 본래적 실존이 가능해지는 여건이 이미 마련되어 있으며, 모든 인간은 실존성을 본성으로 가진다. 본래 자체적으로 가지고 있는 실존성을 진정한 의미에서 실현하는 작업만이 필요할 뿐이다. 그 어느 누구도 자신의 삶을 자기 자신의 것으로 만들고자 하지 않는 이는 없다. 타인을 위한 삶을 산다는 자도 결국은 그것이 자기를 위한 것이라고 생각하기 때문이며, 다수에 자기를 던지는 행위 또한 그것이 결국은 자기가 편안해지는 길이라고 생각하기 때문이며, 자기기만을 하는 이들도 결국은 그렇게 함으로써 자기를 지키는 일이라고 생각하기 때문이다. 자아라는 개념이 우리에게 존재하는 이상, 그 누구도 자아 보존의 의지 혹은 욕구를 스스로 버리고자 하지 않는다.

우리가 가장 견디기 힘든 것이 무엇일까? 우리가 감내하기 어려운 것은 고통 그 자체가 아니다. 오히려 우리는 더 나은 것을 위해 고통을 욕망하기도 한다. 혹은 고통 뒤에 찾아올 것 같은 달콤한 행복과 쾌를 위해 고통을 수월하게 참기도 한다.

인간이 가장 견뎌 내기 힘든 것은 고통이 아니라 고통의 무의미이다. 사실 이것은 많은 경우에서 참이다. 자연 상태에서는 우리의 고통은 무의미하다. 그러나 우리는 이를 관념적으로 극복하려 하며 무의미한 것에 의미를 부여함으로써 삶을 이어 나간다. 실존주의는 의미를 우상화하지 않으며 오히려 무의미함을 인정한다. 하지만 그 속에서 좌절에 빠지는 것이 아니라 오히려 긍정을 시작해 나간다. 의미가 없는 것이라면 이제 내가 직접 의미를 설정하면 되는 것 아닌가! 그리고 이때의 의미를 모두 자신의 실존을 위한 것으로 만들 때에, 우리는 비로소 본래적으로 실존할 수 있게 된다. 그리고 이에 성공할 때에 우리는 얼마든지 자신의 삶이 무한정 반복되더라도 그것을 긍정하게 될 것이다.

필자의 이 책은 모든 이들이 자신의 실존성을 발휘할 수 있도록 도와줄 뿐이다. 이 책을 통해 많은 이들이, 자기의 삶을 살 수 있기를, 능동적이고 주체적으로 살 수 있기를, 실존함의 과정 속에서 행복을 느낄 수 있도록, 세상과 삶의 고된 것들을 극복해 낼 수 있기를 바란다.

실존을 위한
일상적 관념의 재구성

해체와 재건

ⓒ 이호찬, 2024

초판 1쇄 발행 2024년 2월 6일

지은이   이호찬
펴낸이   이기봉
편집   좋은땅 편집팀
펴낸곳   도서출판 좋은땅
주소   서울특별시 마포구 양화로12길 26 지월드빌딩 (서교동 395-7)
전화   02)374-8616~7
팩스   02)374-8614
이메일   gworldbook@naver.com
홈페이지 www.g-world.co.kr

ISBN   979-11-388-2747-8 (03100)